처음 읽는

터키사

처음 읽는

터키사

동서양 문명의 교차로, 터키

전국역사교사모임 지음

Humanist

처음 읽는 세계사 시리즈를 펴내며

2018년, 전국역사교사모임은 창립 서른 돌을 맞았다. 2,000여 명의 선생님이 함께하는 전국역사교사모임은 그동안 학생들과 호흡할 수 있는 더 좋은 수업, 새로운 교재를 만들기 위해 노력해왔다. 그리고 분야별로 전문성 있는 분들이 함께 공부하고 경험을 나누면서, 《살아있는 한국사 교과서》, 《살아있는 세계사 교과서》 등 여러 권의 책을 펴냈다.

'처음 읽는 세계사 시리즈'는 《살아있는 세계사 교과서》의 연장선에서 기획되었다. 이 책을 읽은 많은 독자가, 그리고 학교에서 만나는 많은 학생이 세계사의 큰 흐름을 놓치지 않으면서도 각 나라의 역사를 좀 더 구체적으로 알고 싶어 했기 때문이다. 우리는 2010년 터키사를 시작으로 미국사, 인도사, 일본사, 중국사를 차례로 펴냈다. 많은 독자가 과분한 사랑을 주신 데 대해 깊이 감사드리며, 미진했던 부분을 보완해 개정판을 선보이게 되었다.

낯설고 익숙하지 않은 다른 나라의 역사를 배운다는 건 분명 쉽지 않다. 그래서 세계사의 관점에서 각 나라의 역사를 서술하되, 중요한 역사적 사건과 그 의미를 놓치지 않기 위해 노력했다. 또한 각 나라를 직접 탐방하는 느낌이 들도록 생생하게 서술했으며, 나아가 우리와의 거리감을 좁히고 세계 각 문명과 나라의 참모습을 이해하도록 내용을 다양하게 구성했다.

우리는 학생들과 함께 세계사를 배우고 가르치면서 몸으로 배운 나름의 노하우를 바탕으로 이 책을 기획하고 썼다. 독자들이 이 시리즈를 통해 여러 나라의 역사를 흥미진진하게 체험하면서 오늘을 살아가는 크고 작은 지혜를 얻을 수 있길 바란다.

2018년 12월

전국역사교사모임

머리말

언제부턴가 이제껏 감히 엄두도 내지 못하던 꿈이 하나 생겼다. 세계 일주! 불혹을 넘긴 나이에 실현 불가능한 커다란 꿈을 갖기 시작한 것이다.

20년 가까이 역사를 가르치면서 좁은 교실에서나마 아이들과 함께 세계 곳곳을 누볐다. 시공간을 넘나드는 세계사 수업을 하면서 내가 가르쳐 왔던 나라들을 직접 가보고 싶은 강한 열망이 생겼다. 그런 꿈과 함께 다가온 나라 터키! 이유를 알 수는 없지만 아마도 오랜 시간 세계사 수업 시간에 터키 역사를 풀어 놓으면서 가슴 한구석에 쌓아 온 그리움이 있었나 보다.

3년 전, 비행기로 12시간을 날아 마침내 이스탄불의 아타튀르크 공항에 도착했다. 희뿌연 안개등 사이로 희미하게 보이는 모스크의 음영과 함께 터키와의 첫 만남이 시작되었다. 설레는 마음으로 에페스, 안탈랴, 이스탄불 등 터키 곳곳을 돌아보는 내내, 그리스·로마 문화와 이슬람 문화가 너무도 절묘하게 한 공간에 공존하고 있는 모습에 놀라움을 감출 수 없었다.

터키 여행을 준비하는 동안 여러 책과 자료를 찾아 꼼꼼히 읽고 살피며 한껏 기대에 부풀었는데, 직접 마주한 터키는 그 기대 이상이었다. 도시 그 자체가 박물관인 이스탄불을 비롯해 터키 곳곳에는 역사적 상상력을 꿈틀거리게 하는 것들로 넘쳐났다. 그동안 마주한 터키 관련 책들은 너무 전문적이거나 가벼운 여행 안내서가 대부분이었다. 그런데 터키를 직접 만나고 난 이후에는 눈에 보이는 터키의 겉모양뿐 아니라 숨은 역사적 의미를 함께 볼 수 있는 책이 있다면, 터키가 좀 더 특별하게 다가오지 않을까 하는 생각을 하게 되었다. 이런 생각에 용기를 보태어 터키 역사를 본격적으로 다루면서도 일반인이 쉽게 읽을 수 있는 책을 쓰게 되었다.

우리 아이들이 살아갈 세상은 우리가 사는 세상과는 다른 시공간일지 모른다. 세계 여러 곳을 다니며 많은 것을 보고 배우고, 또 많은 사람들을 만나 서로 다름과 같음을 느끼면서 세계인으로 성장할 것이다. 인류의 시작부터 현대에 이르기까지 세계사를 유럽 중심으로 해석하는 시각에서 벗어나, 이제는 각 나라의 구체적인 역사와 문화, 민족성 등을 다각도로 인식해야 하는 시대가 되었다. 이 책이 터키의 역사와 문화에 대해 좀 더 넓고 깊게 이해하는 데 도움이 되었으면 하는 바람이다.

역마살이라도 낀 듯한 나의 방랑벽을 이해해 준 남편과 두 딸 시정, 진형에게 고맙다는 말을 전하고 싶다. 아울러 3년여의 긴 시간 동안 책의 내용과 짜임새 등을 함께 고민해 주신 권오경, 이강무, 전형준, 권수희, 윤종배 선생님과 휴머니스트의 모든 편집자께 감사의 인사를 드린다.

또다시 기회가 된다면 성소피아성당과 블루모스크 사이에 있는 공원의 벤치에 앉아 두 역사적 걸작을 하염없이 번갈아 바라보고 싶다.

2010년 7월

책임 집필자 박인숙

차례

| # 문명의 교차로 터키에서
공존의 지혜를 배우다

　　2002년 6월, 대구 월드컵경기장에서 역사상 처음으로 4강에 오른 우리나라와 터키의 월드컵 3, 4위전이 열렸다. 애국가와 터키 국가가 울려 퍼지자 관중석을 가득 메운 대형 태극기와 터키 국기가 나란히 사람들의 손에서 손으로 옮겨지면서 파도타기를 시작했다. 우리나라의 신문과 TV에서는 형제의 나라 터키, 한국 전쟁 때 머나먼 타국까지 날아와 우리를 위해 기꺼이 목숨을 바쳤던 터키에 대해 날마다 방송했다. 그뿐만 아니라 특파원을 통해 터키의 분위기도 생생하게 전해 주었다. 그들은 '칸카르데시(피를 나눈 형제)'를 외치고 스스로를 '코레 가지(한국 전쟁에 참여한 터키인)'라 부르며, 우리에게 무한한 친근감과 형제애를 표현했다. 머나먼 이국땅, 낯선 나라 터키는 이렇게 우리에게 다가왔다.

　　이후 터키에 대한 관심이 커지고 여행 붐이 일었지만, 터키는 여전히 우리에게 낯선 나라다. 비행기를 타고 서쪽으로 12시간 이상을 날아가야 할 만큼 먼 곳에 있기도 하지만, 그보다는 그들의 역사와 문화에서 우러나오는 독특함과 낯섦 때문이리라.

많은 사람들은 터키가 유럽인지 아시아인지 궁금해한다. 왜냐하면 터키의 영토가 아시아와 유럽에 걸쳐 있기 때문이다. 비록 전 국토의 97퍼센트는 아시아 대륙의 서쪽 끝에 있는 아나톨리아 반도이고, 불과 3퍼센트만이 유럽 대륙의 끝인 발칸 반도 남쪽에 있지만 말이다.

또한 터키에서는 동양과 서양의 문화와 혈통이 만나기 때문이다. 터키의 학생들은 학교에서 자신들의 조상이 몽골 초원에 살던 튀르크족이며, 이들이 오랜 세월에 걸쳐 서쪽으로 이동해서 세운 셀주크 제국과 오스만 제국이 자신들의 역사라고 배운다.

하지만 지금 터키인이 살고 있는 땅은 튀르크족이 이동해 오기 훨씬 전부터 수천 년 동안 유럽인들이 그리스, 로마 제국, 비잔티움 제국을 세우고 살았던 곳이다. 그래서 세계에서 그리스와 로마의 옛 유적과 유물들이 원래 모습 그대로 가장 잘 남아 있는 곳이 터키이기도 하다.

가는 곳마다 모스크가 있고 하루에도 여러 차례 아잔(예배 시간을 알리는 소리)이 울려 퍼지는 이슬람 국가지만, 동시에 초기 기독교의 7대 교회가 있는 나라다. 작은 분수를 사이에 두고 기독교를 대표하는 성

소피아성당과 이슬람교를 대표하는 블루모스크가 서로 마주 보고 서 있다.

이처럼 지리적으로도 역사적으로도 종교·문화적으로도 동서양의 문명이 교차하는 곳이 바로 터키다.

터키는 아시아인에게도 유럽인에게도 친숙함과 동시에 낯선 문화를 가지고 있다. 그리스, 로마 문화를 보기 위해 터키를 방문하는 유럽인들은 도시 유적들을 보면서 자신들의 뿌리를 확인할 것이요, 전세계 인구 가운데 20~25퍼센트를 차지하는 약 14억 명의 이슬람교도들은 500여 년 이상을 이슬람교를 대표했던 나라로 터키를 기억할 것이다.

어쩌면 터키가 아시아인가 유럽인가를 묻는 것은 어리석은 질문일지도 모른다. 그들은 날마다 이스탄불을 나누는 좁은 보스포루스 해협을 건너 아시아에서 유럽으로, 유럽에서 아시아로 대륙을 넘나들며 출퇴근한다. 그들은 유럽의 축구와 문화를 즐기면서 동시에 이슬람교도로 살아간다. 이스탄불의 중심가인 탁심 광장에서 히잡을 쓴 사람

들이 양복을 입은 사람들과 섞여 나란히 걷는 것은 전혀 낯선 장면이
아니다. 블루모스크에서 수많은 외국인 관광객이 구경하는 사이로 경
건하게 기도를 드리는 터키인의 모습을 보는 것 역시 전혀 낯선 일이
아니다. 그래서 그들은 스스로를 유라시안이라 부른다.

터키는 문명의 교차로이자 용광로다. 오랜 역사를 거쳐 오는 동안
다양한 종족과 문화가 충돌하고 뒤섞이는 가운데 공존과 화해를 이루
고 있는 나라다. 어떻게 이런 공존과 화해가 가능했을까? 끊임없는 전
쟁과 테러에 시달리고 있는 오늘날의 우리가 터키로부터 배워야 할
점이 바로 이것이다.

흑 해

에디르네

마르마라 지역

이스탄불

마르마라 해

흑해 지역

부르사

트로이

앙카라

보아즈칼레

에게해 지역

중앙 아나톨리아 지역

이즈미르

카파도키

에페스

파묵칼레

콘야

에 게 해

안탈랴

카슈

지중해 지역

아다ㄴ

지 중 해

삼순

트라브존

카르스

시바스

에르주룸

동 아나톨리아 지역

반 호수
반

넴루트 산

디야르바크르

남동 아나톨리아 지역

하란

안티오크

터키의 기초 정보

● 국명 : 터키 공화국(Republic of Turkey)

● 면적 : 78만 3,562km²(한반도의 약 3.5배)

● 인구 : 8,081만명(2017년 현재)

● 수도 : 앙카라(Ankara)

● 언어 : 터키어

● 민족 구성 : 튀르크족(90%), 쿠르드족, 아랍인, 아르메니아인, 기타(그리스인, 유대 인 등)

● 종교 : 전 국민의 99%가 이슬람교도(수니파 다수, 시아파 소수), 그 밖에 기독교, 유대교, 그리스 정교 등. 헌법상 정치와 종교 분리

일러두기

■ 터키의 정식 명칭은 터키 공화국(터키어: 튀르키예 줌후리예티)이고 터키(Turkey)는 서양인들이 부르는 서양식 표기법이지만, 이 책에서는 편의상 터키라고 쓴다. 터키는 현재의 나라 이름을 표현할 때 쓰였으며, 터키 민족을 표현할 때는 튀르크, 현재 터키 영토 가운데 유럽 쪽 영토는 트라키아, 아시아 쪽 영토는 아나톨리아로 표현한다.

■ 이 책에 사용한 '인명', '지명' 등은 현재 통용되는 외래어 표기법에 따라 영어 이름으로 쓰는 것을 원칙으로 삼았으나, 필요한 경우 터키어를 사용한 예들도 있다. 이때 '지명'은 역사적 사건이 일어났을 당시의 과거 지명을 먼저 쓰고, 괄호 안에 현재의 지명을 써 넣었다.

■ 본문 내용 중 보충 설명이 필요한 부분에는 ● 표시를 사용해 각주를 달았다. 그 밖에 내용을 이해하는 데 필요하다고 생각되는 동의어나 간단한 설명글 등은 괄호 안에 표기했다.

■ 본문에 나오는 대화체는 낯선 역사를 좀더 생생하게 이해할 수 있도록 사료를 바탕으로 구성된 것임을 밝힌다.

1장

터키 땅에서 꽃핀 유럽 문화

튀르크족이 머나먼 몽골 초원으로부터 이동해 와 나라를 세우기 전까지, 지금의 터키 땅에는 누가 언제부터 살았을까? 적어도 지금으로부터 약 8500년 전부터는 신석기 시대 사람들이 살았을 것으로 보인다. 4000년 전에는 앙카라 일대에서 인류 최초로 철기를 사용했던 히타이트 문명이 발달했다. 이후 그리스와 로마인들이 이주해 와 에게해 연안을 중심으로 도시를 만들고 번영을 누리며 살았다. 로마 제국이 동서로 분열된 뒤에는 동로마 제국(비잔티움 제국)이 이곳에서 1000년 동안 발달했다. 콘스탄티노플(이스탄불)은 제국의 중심지로 큰 번영을 누렸으며, 성소피아성당과 유스티니아누스 법전 등으로 대표되는 비잔티움 문화를 꽃피웠다.

기원전 **6500년경** 차탈회위크에 인류 역사상 최초의 정착 주거지 형성

기원전 **1900년경** 히타이트, 인류 최초로 철 사용

기원전 **8세기경** 미다스 왕, 프리기아 왕국 통치

기원전 **8~7세기** 그리스, 에게해와 지중해 연안에 폴리스 건설

기원전 **1세기경** 로마 제국의 지배를 받음

313년 밀라노 칙령으로 기독교 공인

330년 콘스탄티누스 대제, 수도를 비잔티움으로 옮기고
콘스탄티노플이라 명명

395년 동서 로마 제국으로 분열

527년 비잔티움 제국의 유스티니아누스 황제 즉위

537년 성소피아성당 재건

375년 게르만족, 로마 제국으로 이동 시작

300~900년 중앙아메리카,
마야 문명

기원전 **221년** 진(秦) 시황제,
최초로 중국 통일

105년 한의 채륜, 종이 발명

기원전 **250년경** 일본, 야요이 문화 시

기원전 **2333년** 고조선 건국

427년 고구려 장수왕,
평양 천도

227년경 사산 왕조 페르시아 성립

기원전 **750년경** 그리스, 폴리스 성립

395년 로마 제국, 동서로 분열

터키 땅에 사람이 살기 시작하다

아시아와 유럽에 걸쳐 있는 나라 터키

세계 지도를 펴고 터키가 어디에 있는지 찾아보자. 대부분의 나라들과는 달리 터키의 영토는 아시아와 유럽 대륙에 걸쳐 있다. 그리고 폭이 좁은 곳은 1킬로미터도 채 되지 않는, 물살이 급한 보스포루스 해협이 두 대륙을 나누고 있다. 터키는 동쪽을 제외하고는 흑해, 에게해, 지중해로 둘러싸인 반도 국가다. 왼손을 예로 들자면 엄지손가락이 유럽 쪽이고, 손바닥이 아시아 쪽이라고 생각하면 된다. 사람들은 아시아 쪽 영토를 아나톨리아˚, 유럽 쪽을 트라키아˚ 라고 부르는데, 아나톨리아 반도가 국토의 97퍼센트를 차지하고, 유럽 쪽은 3퍼센트에 지나지 않는다. 하지만 예나 지금이나 터키의 중심지는 유럽 쪽이다.

　흑해에서 시작된 바다는 이스탄불을 둘로 나누는 보스포루스 해협과 마르마라 해를 거쳐 다르다넬스 해협을 지나 에게해와 지중해에 이른다. 다르다넬스 해협에는 그리스 로마 신화에 나오는 레안드로스와 헤로의 애틋한 사랑 이야기가 전해진다. 레안드로스는 사랑하는 헤로를 만나기 위해 매일 밤 거친 바다를 헤엄쳐 건넜다. 그런데 폭풍이 일고 사나운 파도가 치던 어느 날 밤, 레안드로스는 바다를 건너다 기력을 잃고 바다에 빠져 죽고 말았다. 그의 시신이 유럽 쪽 해안으로 밀려왔을 때에야 헤로는 그가 죽었음을 알게 되었다. 헤로는 절망감을 이기지 못하고 탑에서 바다로 몸을 던져 레안드로스의 뒤를 따랐다. 이처럼 가슴 아픈 사랑 이야기를 담고 있는 해협은 오늘도 거친 물살을 가르며 터키를 아시아와 유럽으로 나누고 있다.

해협의 서쪽 갈리폴리(겔리볼루) 반도는 제1차 세계대전 때 무스타파 케말이 영국군에게 크게 승리하면서 터키의 영웅으로 떠올랐던 갈리폴리 전투가 벌어졌던 곳이다. 맞은편 동쪽은 차나칼레로, 트로이 목마로 유명한 트로이 유적이 있는 곳이다.

에게해와 지중해의 섬들은 대부분 그리스 것이다. 새벽에 닭 울음소리가 들릴 정도로 가까운 섬조차도 그리스의 것인데, 터키 공화국이

◉ **아나톨리아** | 고대 그리스어의 아나톨리코스(아나톨레)에서 온 말로 '해가 뜨는 곳', '동쪽'이라는 뜻이다. 유럽에서 볼 때 동쪽에 있기 때문이다. 라틴어의 오리엔트나 이탈리아어의 레반트와 같이 동방을 뜻한다. 히타이트 시대에는 아시아의 옛 이름인 아수아로 불렸으나, 고대 지중해 사람들이 더 먼 동쪽을 알게 되면서 '소아시아'로 불렸다. 아시아 대륙과 유럽 대륙의 연결 지점에 있어 문명의 이동이 많았다.

◉ **트라키아** | 발칸 반도의 남동쪽을 일컫는 말로 흑해와 에게해, 마르마라 해로 둘러싸인 반도다. 오스만 제국 전성기 때는 '로마 사람의 땅'이라는 뜻의 '루멜리아'라고 불렸다. 19세기 이후 동쪽은 불가리아가, 서쪽은 그리스와 알바니아가 차지하면서 현재는 이스탄불과 에디르네 일대만 터키 영토로 남아 있다.

터키 아시아와 유럽 대륙에 걸쳐 있는 국토를 보스포루스 해협이 둘로 나누고 있다. 주요 도시로는 수도인 앙카라와 이스탄불, 이즈미르, 콘야 등이 있다.

수립될 때 이스탄불을 차지하는 대신 섬들을 넘겨주었기 때문이다.

삼면이 바다로 둘러싸인 아나톨리아 반도는 동서로 길게 뻗은 모습이고 큰 산맥이 가로놓여 있다. 지중해와 에게해에 접해 있는 바닷가 지역은 여름에는 덥고 건조하며 겨울에는 따뜻하고 비가 많이 내리는 지중해성 기후를 나타낸다. 사람들은 올리브와 오렌지, 포도 등을 재배하며 살아가고, 환상적인 아름다움을 지닌 풍경으로 인해 곳곳에 휴양지가 많다. 내륙에는 고원이나 분지가 많은데, 한없이 펼쳐진 초원은 마치 몽골의 드넓은 초원을 보는 것만 같다. 이곳에서는 아주 오래전부터 사람들이 농사를 짓거나 가축을 기르면서 살았다. 특히 여기저기 풀을 찾아 옮겨 다니면서 가축을 키우는 유목 생활을 했는데, 그들의 조상인 튀르크족이 몽골 초원에서 생활하던 모습과 많이 닮았다.

이렇듯 비옥한 토지와 온화한 기후를 가진 터키 땅에 튀르크족이 이동해 오기 전까지, 어떤 나라가 세워지고 어떤 문화가 꽃피었을까? 이 땅에는 언제부터 사람들이 살기 시작했을까?

세계에서 가장 오래된 주거지, 차탈회위크

평평한 지붕의 구멍으로 막 얼굴을 내민 차탈의 머리카락을 뜨겁고 마른바람이 쓸고 지나갔다. 한숨을 쉬며 먼 하늘을 쳐다보는 차탈의 얼굴에는 근심이 한가득이다. 벌써 한 달 남짓 비 한 방울 내리지 않아 땅은 바짝 말라 가고 있었다.

'이러다간 봄에 뿌린 밀의 싹이 다 말라 죽어 버리겠는걸.'

옆집의 지붕 위로 낯익은 얼굴이 나타났다.

"차탈, 뭐 하고 있나? 비가 올 것 같은가?"

"글쎄요, 아직은요. 참 큰일입니다. 이러다간 농사는커녕 양이 먹을 풀도 말라 버리겠는걸요!"

"나도 걱정이야. 우리 그러지 말고 족장님을 찾아가서 비를 내리게 해 달라고 하늘에 빌어 보자고."

출입문 없이 집들이 다닥다닥 붙어 있는 터라, 두 사람은 옆집으로 이어진 지붕들을 건너 사다리를 타고 골목으로 내려가서 족장을 찾아갔다. 족장은 마을 사람들을 모두 불러 모아 기우제를 지냈다.

후드득 후드득.

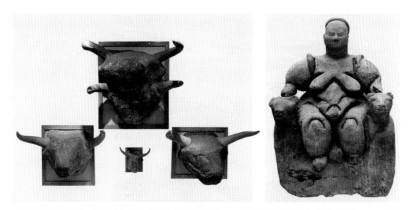

차탈회위크 출토품 차탈회위크에 살았던 사람들은 황소 머리(왼쪽)를 만들어 벽에 걸어놓고 숭배했으며, 여성의 신체를 풍만하게 조각한 지모신상(오른쪽)을 만들어 다산과 풍요를 기원했다.

기우제를 지내고 며칠이 지나자 정말 비가 내리기 시작했다. 차탈과 마을 사람들은 비를 맞으며 풀을 뽑고 밀밭을 돌보았다. 정말 감사한 일이었다. 하루 종일 비를 맞으며 일을 해서 몸은 몹시 피곤했지만, 차탈은 집에 들어서자마자 벽에 걸어 놓은 황소 머리를 향해 또다시 감사 기도를 했다.

차탈은 올해 농사가 잘되면 옆집 아저씨의 딸을 아내로 맞을 생각이다. 그녀는 엉덩이도 튼실하고 몸집도 좋아 아이를 많이 낳을 수 있을 것이다. 황소 머리 조각 아래 놓여 있는 풍만한 여인의 조각상을 보면서 차탈의 마음은 들뜨고 볼은 살짝 상기되었다.

차탈이 사는 차탈회위크는 콘야 부근의 구릉 지대였다. 본래 큰 강이 가까이 있어 물이 풍부하고 땅이 기름져 농사짓기에 좋았다. 여러 종류의 식물과 동물도 많았다. 아주 오랜 옛날 차탈의 먼 할아버지 때는 동물을 잡아먹고 나무 열매나 풀뿌리를 먹고 살았다고 한다. 그러

차탈회위크 유적지와 복원된 내부 모습 차탈회위크는 요르단과 함께 현재 발굴된 인류 역사상 가장 오래된 집단 주거지다. 유적지의 모습은 복원되어 앙카라에 있는 아나톨리아 문명박물관에 전시되어 있다.

다 언제부턴가 농사를 짓고 가축을 키우면서 집을 짓고 마을을 이루어 살게 되었다. 사람들은 불에 구운 흙벽돌로 집을 지었다. 여름철의 뜨거운 햇볕과 겨울철의 추위를 막기 위해 집과 집 사이의 벽을 맞대어 지었고, 지붕에 구멍을 뚫어 출입구로 사용했다. 이 구멍은 부엌의 화덕과 방의 벽난로에서 나오는 연기를 내보내는 굴뚝으로도 사용되었다. 해마다 벽에 새로 진흙을 발라 튼튼하게 했고, 집 안의 벽에는 그림을 그려 꾸미기도 했다. 지붕을 평평하게 만들고 그 위에서 가축을 길렀는데, 이는 지금도 콘야 일대에서 흔히 볼 수 있는 모습이다.

유적지의 크기로 보아 차탈회위크에서는 약 5000~1만 명 정도가 공동체를 형성하며 살았을 것으로 보인다. 물론 기원전 9000년 무렵부터 이곳에도 사람들이 살았겠지만, 본격적으로 살기 시작한 것은 기원전 6500~5800년 무렵으로 신석기 시대에 해당한다. 특히 차탈회위크는 현재까지 발굴된 가장 오래된 인류의 집단 주거지 가운데 하나로, 터키 땅에 아주 일찍부터 사람들이 살았음을 알 수 있는 유적지다. 이곳의 벽화나 조각품과 비슷한 유적들이 터키의 다른 지역이나 시리아에서도 발견되었는데, 이를 통해 비슷한 시기에 다른 지역에서도 신석기 문화가 발달했음을 알 수 있다.

기원전 3000년 무렵에는 에게해 연안의 트로이, 앙카라 동쪽의 알리자 효육 등에서 청동기 문화가 발달했다. 이렇듯 오늘날의 터키 땅은 아주 오래전부터 인류가 살아왔던 생활 무대였다.

● 트로이 문명

에게해와 흑해를 잇는 다르다넬스 해협의 오른쪽 지역인 차나칼레의 히사를리크 언덕에는 트로이 전쟁이 일어난 것을 기념해서 만든 트로이 목마가 세워져 있다. 호메로스의 《일리아드》와 《오디세이》에 나오는 트로이 전쟁 이야기는 다음과 같다. 바다의 여신 테티스와 펠레우스의 결혼식에 초대받지 못한 불화의 여신 에리스가 '세상에서 가장 아름다운 여신이 가지라'며 황금 사과를 던지자, 헤라와 아프로디테, 아테네는 서로 자신이 갖겠다며 다투었다. 세 여신은 트로이의

트로이 목마 10년간 트로이 전쟁이 계속되자 오디세우스가 낸 계책으로, 목마를 만든 뒤 안에 숨어 있던 그리스군이 밤에 빠져나와 트로이 성을 함락시켰다.

왕자 파리스에게 판결을 맡겼고, 파리스는 '세상에서 가장 아름다운 여인을 아내로 맞게 해 주겠다'고 약속한 아프로디테에게 황금 사과를 주었다. 그 대가로 파리스는 스파르타의 왕비 헬레네를 얻어 트로이로 가 버렸다. 갑자기 아내를 빼앗긴 스파르타의 왕 메넬라오스는 미케네 왕인 형 아가멤논과 함께 트로이 원정길에 나섰고, 이로써 전쟁이 시작되었다. 트로이군의 헥토르와 아이네아스, 그리스군의 아킬레우스와 오디세우스 등 수많은 영웅들이 이때부터 10여 년에 걸쳐 치열한 전투를 벌였다. 그리스군은 후퇴하는 척 트로이군을 속이고 목마를 이용해 성을 함락시켰고, 이로 말미암아 트로이 문명은 멸망하고 말았다.

수천 년을 땅속에 묻혀 신화로만 여겨졌던 트로이 문명은 독일의 고고학자 슐리만(Heinrich Schliemann)이 발굴하면서 역사적인 사실로 드러났다.

트로이 성벽

2 철의 제국 히타이트가 번성하다

인류 최초로 철을 사용한 히타이트

유럽에서 청동기 문명이 발달하고 있을 즈음인 기원전 2000년경부터
터키의 수도인 앙카라 부근에서는 인류 최초로 철을 만들어 사용했던
히타이트 문명이 발달했다. 이들의 유적지에서는 성문을 지키는 사자
상, 이륜 전차를 타고 반달형 칼과 철퇴를 메고 행진하는 군신상, 도
끼를 들고 있는 전사상 등이 발굴되었다. 특히 인류 최초의 평화 협정
이 맺어진 전투라고 할 수 있는 '카데시 전투' 내용이 담긴 점토판이
발견되었다. 카데시 전투는 히타이트가 하투샤를 수도로 정하고 아나
톨리아 일대를 지배하면서 남쪽으로 세력을 확장하는 과정에서 이집
트와 치열하게 벌인 전투였다.

　기원전 1288년, 바람이 흙먼지를 일으키며 한바탕 휩쓸고 지나간
카데시 벌판에 수만 명의 병사들이 완전 무장한 채 서로 창을 겨누고

서 있었다. 병사들 사이에는 팽팽한 긴장감이 감돌았고, 곧 전투가 벌어질 태세였다. 한쪽은 무와탈리스 왕이 이끄는 히타이트 군대, 다른 쪽은 람세스 2세가 이끄는 이집트 군대였다.

왕의 신호가 떨어지자마자 히타이트 병사들은 곧바로 이집트군을 공격하기 시작했다. 전차가 앞서고, 반달형 칼과 철퇴를 든 전사들이 그 뒤를 따랐다. 바퀴가 두 개 달린 전차에는 두 명의 병사가 탔다. 한 명은 말고삐를 잡고 전차를 몰았고, 다른 병사는 손에 활을 들고 등에는 긴 창을 꽂은 채 상대방을 공격했다. 이들이 사용한 무기는 모두 철로 만든 것으로 강하고 날카로웠다. 둘은 마치 한 몸같이 움직였다. 람세스 2세가 이끄는 군대도 막강했지만, 속수무책이었다. 이집트 병사들이 가진 창과 칼은 그때까지 청동으로 만들어진 것이었기 때문이다. 전차를 탄 히타이트 군사들은 이집트군 사이를 빠르게 헤집고 다니며 마음대로 유린했고, 이집트군은 추풍낙엽처럼 쓰러졌다.

이 전쟁은 10년 동안이나 이어졌다. 결국 지칠 대로 지친 두 나라는 마침내 전쟁을 끝내기로 한 뒤 평화 조약을 맺고 친선을 도모했다. 히타이트 왕은 '두 나라는 상대방을 공격하지 않는다. 제3자의 공격에 대해서는 공동으로 대응한다'는 등의 내용을 점토판에 쐐기 문자로 기록했다. 이집트는 람세스 2세의 신전에도 같은 내용을 조각했다. 비록 적군이긴 하지만 날쌔고 용감한 히타이트 병사들을 기념해서 이륜 전차도 함께 새겼다. 이것이 현재까지 알려진 인류 역사상 가장 오래된 평화 조약인 '카데시 조약'이다.

당시 철을 생산하는 기술은 히타이트만 가지고 있었다. 철제 무기가 청동제 무기보다 훨씬 튼튼하고 날카로웠기 때문에 이집트의 람세

| 히타이트 제국의 영토 |

기원전 2000년경에 건국된 히타이트는 인류 최초로
제철 기술을 발달시킨 나라로, 철제 무기를 이용해서
영토를 확장하는 등 크게 발전하다가 기원전 1200년경
멸망했다.

흑 해

할리스 강

알리자 효육
하투샤(보아즈칼레)

리디아

잉카라

이즈미르

아나톨리아 반도

히 타 이 트

티그리스 강

프리기아

미탄니

아시리아

유프라테스 강

지 중 해

카데시

기원전 16세기의 히타이트 영토
기원전 14세기의 히타이트 영토
이집트 영토

이집트

히타이트의 유물 왼쪽은 히타이트 이륜 전차, 오른쪽은 신 앞에서 기도하는 히타이트 왕의 모습이다. 가운데는 히타이트와 이집
트가 카데시 전투 후에 맺은 평화 조약의 내용을 쐐기 문자로 새긴 점토판으로, 이스탄불 고고학박물관에 전시되어 있다. 이집
트 테베의 카르나크 신전 벽에 새겨진 내용과 동일하다.

스 2세도 고전을 면치 못했던 것이다.

　많은 나라들이 제철 기술을 배우고 싶어 했다. 하지만 히타이트는 완성된 무기와 장식품만을 수출할 뿐, 제철 기술은 알려 주지 않았다. 당시 철은 매우 귀해서 금의 5배, 은의 40배 가격에 거래되기도 했다.

　히타이트는 기원전 1200년경 발칸 반도에서 들어온 이민족의 공격을 받고 갑자기 멸망해 버렸다. 이집트의 기록에 따르면 히타이트를

히타이트 제국의 수도 하투샤에 있는 사자문
하투샤의 높은 언덕에는 왕궁과 신전과 집터 유적이 있고,
이를 보호하기 위해 단단한 돌로 높이 쌓은 성벽과
사자문이 세워져 있다.

멸망시킨 이민족은 '바다의 민족'으로, 고대 그리스 역사에 등장하는 도리아인으로 보인다. 도리아인의 공격으로 히타이트의 흔적은 역사 속에 묻혀 버렸다.

그리고 오랜 시간이 지난 1906년, 독일과 터키의 고고학자들이 앙카라에서 동쪽으로 150킬로미터 떨어진 보아즈칼레에서 평화 조약의 내용이 담긴 한 장의 점토판을 발굴하면서 그들이 이룩한 수준 높은 문명이 그 모습을 드러내게 되었다. '좁은 산골짜기에 있는 마을'이라는 뜻을 가진 보아즈칼레가 바로 히타이트의 수도 하투샤였던 것이다. 보아즈칼레에서 발굴된 히타이트 유물들은 앙카라의 아나톨리아 문명박물관에 전시되어 있는데, 당시 히타이트의 발달된 철기 문화를 엿볼 수 있게 해 준다.

황금의 나라 프리기아

히타이트 왕국이 멸망한 뒤 기원전 8세기경, 아나톨리아에는 여러 개의 작은 나라와 부족들이 서로 경쟁하면서 발전하고 있었다. 그 가운데 하나가 바로 고르디온에 있었던 미다스 왕의 나라 프리기아 왕국이다. 청동기를 사용한 황금의 나라 프리기아는 기원전 550년경 페르시아에 멸망당하면서 역사 속으로 사라졌다.

그리고 1950년, 고고학자들이 고르디온 부근에 있는 80여 개의 커다란 무덤을 발굴하기 시작했다. 그리스 신화에 등장하는, 만지는 물건마다 황금으로 변하게 하는 손과 당나귀 같은 큰 귀를 가졌다는 프리기아의 왕 미다스의 무덤을 찾기 위해서였다. 학자들은 지름이 300

미다스 고분 미다스 왕의 것으로 추측되는 대형 무덤으로, 이곳에서 발굴된 유물은 아나톨리아 문명박물관에 전시되어 있다.

미터, 높이가 50미터나 되는 가장 큰 무덤을 미다스 왕의 것으로 추측했다. 고고학자들이 괭이와 삽으로 흙을 파헤치고 무덤 한가운데 있는 시신을 묻은 방 안에 들어서는 순간, 퀴퀴한 냄새가 코를 찌르고 먼지가 온 방을 가득 채웠다. 나무로 만들어진 침대는 외부의 공기가 닿자마자 2300년이라는 긴 세월을 견디지 못하고 순식간에 무너져 내렸다. 그런데 신기하게도 침대 위의 유골은 멀쩡한 모습으로 남아 있었다. 발굴 당시 미다스 왕은 옷을 입은 채로 있었으나, 공기와 접촉하는 순간 안타깝게도 옷은 먼지가 되어 날아가 버리고 앙상한 뼈들만 남았다.

그리스 신화에 따르면 미다스 왕은 술의 신인 디오니소스의 스승을 극진히 대접한 대가로 황금의 손을 가졌지만, 만지는 것마다 황금으로 변하게 만드는 고통을 겪었으며, 또 태양의 신인 아폴론의 비파 소리를 낮게 평가했다가 보복을 받아 당나귀 귀같이 커다란 귀를 갖게 되었다고 한다. 하지만 발굴된 유골을 통해 추측해 보면, 미다스 왕은 약 60세에 키 160센티미터 정도의 작은 체구를 가지고 있었다. 신화와는 달리 왕의 귀는 보통 사람보다 약간 큰 정도였다. 무덤 안에서는 독특한 무늬를 새겨 넣은 책상과 청동으로 만든 냄비가 나왔다. 하지만 만지면 모두 금으로 변하게 하는 손을 가진 주인공의 무덤에서 황금으로 만든 껴묻거리는 하나도 나오지 않았다. 신화는 신화일 뿐인지……

3 | 그리스·로마 문화가 발달하다

클레오파트라가 보석을 샀던 에페스

에게해 연안의 터키 땅에는 기원전 8~7세기 무렵부터 그리스 본토에
살고 있던 수많은 그리스인들이 건너와 폴리스(도시 국가)를 건설했

에페스 원형극장

다. 그 뒤 기원전 1세기 무렵부터는 로마 제국의 영토가 되면서 여러 도시가 발달했다. 당시의 도시 모습을 가장 잘 볼 수 있는 유적지가 바로 에페스(에페수스)다.

에페스에서 에게해의 항구로 이어지는 큰길 양쪽에는 기둥이 줄지어 세워졌고, 상점들이 끊임없이 이어져 있었다. 기둥에는 밤에도 등불이 켜져 있어 길을 밝혔다. 당시 가로등이 켜져 있는 곳은 이 지역 말고는 알렉산드리아와 로마뿐이었다.

상점들에는 여러 지역에서 가져온 곡물과 생선, 야채는 물론 온갖 보석과 화장품 등이 즐비했다. 이집트의 클레오파트라 여왕이 로마의 안토니우스와 함께 거닐다가 보석을 샀다고 전해지는 상점도 있었다.

전성기 때는 무려 25만 명의 귀족과 평민, 노예들이 살았다고 한다. 귀족들은 주로 남쪽 언덕에 호화로운

셀수스 도서관

공중 화장실

로마 제국의 가장 대표적인 도시 에페스에는 황제가 기증한 건물이 3개나 있을 정도로 번영을 누렸다. 원형극장(왼쪽), 노서관, 공중 화장실 등을 두루 갖춘 도시 건물은 로마와 견주어도 부족함이 없을 정도였다.

집을 짓고 모여 살았다. 여러 지역과 무역을 해서 부자가 된 에페스 사람들은 목욕탕에서 온천을 즐겼으며, 지붕이 있는 소극장 '오데온'에서 시 낭송회와 음악회를 자주 열었다. 또 한꺼번에 2만 4000여 명을 수용할 수 있는 야외 원형극장에서는 그리스의 비극과 희극이 공연되어 맘껏 즐길 수 있었다. 도시의 아고라(공공의 광장)와 공회당에서는 열띤 토론과 논쟁이 벌어졌다.

거리 한쪽에는 물로 용변을 처리하는 수세식 공중 화장실도 있었으며, 수천 권의 책을 소장한 셀수스 도서관과 왕들의 신전, 헤라클레스의 개선문 등이 있었다. 이곳은 로마가 아니었지만, 없는 것이 없었다. 이곳에서 사람들은 삶을 풍요롭게 즐기고, 다양한 문화를 누리며 로마인처럼 살았다.

그리스와 로마 제국의 도시들이 발달하다

에페스처럼 에게해 연안에는 수많은 도시들이 세워졌다. 도시들은 이후 오랜 세월에 걸쳐 발전했다.

기원전 8~7세기 무렵부터 아테네와 스파르타 등 그리스 본토의 폴리스에 살고 있던 그리스인들이 이곳으로 이주해 와, 이곳을 이오니아 지방이라고 불렀다. 이들은 본토에서와 같이 폴리스라 부르는 공동체를 만들어 상업 활동을 활발히 하는 등 큰 번영을 누렸다. 트로이, 비잔티움, 스미르나(이즈미르), 페르가몬(베르가마), 히에라폴리스 등의 폴리스에는 그리스의 아테네처럼 신전과 아고라, 원형극장을 세웠다. 사람들은 그리스 본토와 수시로 교류하면서 신화와 건축, 철학

| 그리스·로마 제국 시대의 도시들 |

스미르나 이즈미르의 옛 이름이다. 그리스인이 이주해서 세운 폴리스로, 호메로스의 출생지로 알려져 있다. 페르시아와 알렉산드로스 제국을 거치면서 크게 발전했다. 성채와 아고라 등이 남아 있다.

아고라

페르가몬 이즈미르 북쪽에 있던 도시로, 헬레니즘 시대부터 발전하기 시작해 로마 제국 때 번성했다. 아크로폴리스와 제우스 신전, 아테나 신전, 원형극장, 도서관 등과 의료 시설인 아스클레피온이 있다. 페르가몬이 문화 발전에 힘쓰자 이에 질투심을 느낀 이집트가 파피루스의 수출을 금지했고, 곤란해진 페르가몬은 양피지를 발명해 냈다. 영어의 양피지(parchment)는 페르가몬(pergamon)에 어원을 둔 것으로 전해진다.

아스클레피온 회랑

마케도니아

트라키아

니코폴리스

비잔티움

트로이

페르가몬

스미르나

사르디스

소아시아

아테네

스파르타

에페스

히에라폴리스

밀레투스

크레타 섬

지중해

비잔티움 기원전 7세기경 비자스 장군이 건설한 폴리스로, 콘스탄티누스 대제가 330년에 로마에서 이곳으로 수도를 옮기고 콘스탄티노플이라는 새 이름을 붙였다. 1000년 동안 비잔티움 제국의 수도였다가 오스만 제국의 메흐메트 2세에 의해 함락되었다. 이후 오스만 제국의 수도가 되었고, 이슬람 문명의 새로운 중심지로 변모하면서 이스탄불이라고 불렸다. 터키 공화국이 수립된 뒤 앙카라에 수도의 지위를 빼앗겼지만, 여전히 터키 제1의 도시. 성소피아성당, 지하 저수지 등 비잔티움 제국의 유적과 블루모스크, 토프카프 궁전 등 오스만 제국의 유적들이 있어 동서 문명의 보고라 불린다.

콘스탄티누스 탑

히에라폴리스 파묵칼레(목화의 성) 인근에 있는 유적으로, 기원전 190년에 페르가몬 왕이 만들었고 로마 시대에는 온천 도시로 번영을 누렸다. 뜨거운 물과 가스가 땅속에서 솟아오르는 모습을 신비롭게 여긴 사람들이 신전을 짓고 제사를 지냈기에 성스러운 도시라고 불렸다. 원형극장과 신전 터, 대욕장 등이 있다.

노비티안 문

과 역사를 발달시켰다. 역사의 아버지 헤로도토스, 수학자 피타고라스, 철학자 디오게네스, 의사 히포크라테스 등 유명한 학자들이 이곳에서 태어나고 활동했다.

기원전 1세기 무렵부터 이곳은 로마 제국의 영토가 되면서 그리스의 도시들이 로마 제국의 도시로 발전했다. 본래 이탈리아 중부에서 일어난 로마는 기원전 3세기에 서지중해의 해상권을 장악했고, 이후에도 정복 전쟁을 계속해 그리스, 아나톨리아, 이집트, 북부 아프리카, 에스파냐 등을 차지하는 대제국으로 발전했다. 로마 제국의 영토로 편입된 이후 사람들은 도시들을 거점으로 교역 활동을 활발히 했다. 사람들은 자신들이 사는 도시에 로마와 같이 원형경기장, 극장, 신전, 도서관, 화장실, 시장 등을 만들었다. 이에 따라 각 도시들은 작은 로마라고 부를 수 있을 정도로 비슷한 모습을 띠게 되었다.

오늘날 고대 그리스와 로마의 모습을 가장 잘 보려면 이탈리아나 그리스가 아닌 터키를 가야 한다고 할 정도로 터키에는 원형이 잘 보존된 이 시기의 유적지들이 많다.

4 | 초기 기독교 교회가 자리잡다

기독교인들의 은신처, 지하 도시

1960년대 카파도키아 부근의 한 마을에서 닭이 감쪽같이 사라지는 일이 자꾸만 일어났다. 어느 날 한 꼬마가 닭 한 마리를 뒤쫓아다니며 놀고 있었는데, 역시 그날도 갑자기 닭이 사라져 버렸다. 깜짝 놀란 꼬마는 닭을 잃어버렸을지도 모른다는 걱정 때문에 닭이 뛰놀던 곳으로 한걸음에 달려갔다. 닭이 사라진 곳에는 조그마한 구멍이 있었고, 꼬마는 닭을 찾겠다는 욕심에 겁도 없이 구멍 속으로 몸을 집어넣었다. 그런데 조그만 구멍은 터널과 같이 아래로 쭉 연결되어 있었고, 끝이 어딘지 보이지도 않을 만큼 깊었다.

발굴 결과 이곳은 깊이 85미터 지하 8층으로 이루어진 지하 도시로, 한꺼번에 5000명 정도가 생활할 수 있는 큰 규모였다고 한다. 지름 1미터 정도의 구멍을 수직으로 도시의 바닥까지 뚫어 지상에 있는

데린쿠유 지하 도시(단면도)와 그 내부 로마 시대 이래 기독교인들은 탄압을 피해 카파도키아로 와서 굴을 파고 숨어 살았다. 데린쿠유는 카파도키아에서 가장 큰 지하 도시이며, 이 외에도 카이마클리 등 수많은 지하 도시가 있다.

공기와 물을 공급했는데, 이 때문에 '깊은 우물'이라는 뜻을 가진 데린쿠유라고 불렸다.

데린쿠유는 기독교인들이 로마의 탄압을 피해 지하로 숨어 들어가서 만든 생활 공간으로, 개미집처럼 끝없는 미로로 연결되어 있었다. 기독교인들은 각층마다 곳곳에 식당, 부엌, 교회, 창고, 우물 등 생활에 필요한 모든 것을 갖추고, 예배를 보고 신앙을 지키면서 숨어 살았다. 입구는 몸을 구부려야 들어갈 수 있을 만큼 좁았으며, 적의 침입을 막기 위해 통로 곳곳에 돌로 회전문을 만들었다. 연자방아처럼 생긴 회전문은 안에서는 쉽게 열리지만 밖에서는 잘 열리지 않았다.

로마 시대 이후에도 지하 도시는 이슬람 세계의 침입을 피하기 위해 계속 사용되었다. 카파도키아 지역에는 데린쿠유 외에도 여러 개의 지하 도시가 남아 있다.

기독교가 가장 먼저 뿌리내린 터키 땅

터키 땅에는 데린쿠유 외에도 기독교의 성지가 많다. 터키를 방문하는 사람들 가운데 상당수가 바로 성지를 순례하기 위해 그곳을 찾는다고 해도 과언이 아니다. 기독교가 뿌리내리는 데 중요한 역할을 한 바울 역시 터키 땅인 아나톨리아 반도 출신의 유대인이다.

바울은 로마 시민권을 가진 부자 아버지를 둔 덕분에 별다른 어려움 없이 성장했고, 예루살렘에 유학까지 갈 수 있었다. 어느 날 바울은 그리스도의 음성을 듣고 신의 빛을 보게 되었다. 그는 유대교에서 기독교로 개종한 뒤 아나톨리아 반도, 그리스, 마케도니아 지방 등 로마 제국을 두루 돌아다니며 복음을 전파했다. 에페스에서는 아르테미스 여신의 신전 모형을 만들어서 팔던 사람들과 우상 숭배 문제로 다투다 쫓겨나기도 했다. 또 유대인의 고소로 옥에 갇히기도 했으며, 결국은 로마로 끌려가 순교했다.

바울이 순교한 곳 외에도 터키 땅에는 초기 기독교의 성지가 많다. 바울이 선교 활동을 펼치던 중에 세계 최초로 만든 교회가 안티오크(안타키아)에 있었으며, 이곳 안티오크의 신자들은 처음으로 그리스도인(Christian)이라 불렸다. 특히 에페스에는 성모마리아의 집과 성요한 교회가 있어 기독교 성지 순례자들의 발길이 끊이지 않고 있다. 전 국민의 99퍼센트가 이슬람교를 믿는 터키 땅에서 유럽 세계의 정신적 바탕이 되는 기독교가 가장 먼저 뿌리내렸던 것이다.

콘스탄티노플, 기독교 세계의 중심이 되다

로마 시대에 기독교는 수많은 탄압을 이겨 내고, 마침내 콘스탄티누스 대제 때 종교의 자유를 얻었다. 그는 영적인 체험을 한 후 기독교 신앙을 인정한 것이다.

312년의 어느 날, 구름 낀 잿빛 하늘은 금방이라도 비를 쏟아 낼 것만 같았다. 진군을 멈추고 휴식을 취하기 위해 막사에 짐을 푼 콘스탄티누스 대제는 우연히 서쪽 하늘을 쳐다보다가 깜짝 놀랐다. 하늘에는 이상한 표시와 함께 글자가 불꽃같이 흐트러지면서 써지고 있었다.

황제는 걱정스러운 얼굴로 신하들에게 물었다.

"저건 무슨 표시인가?"

"폐하, 저건 십자가처럼 생겼는데요."

"아니, 그러면 그 옆에 있는 글자는 무엇이냐?"

옆에 있던 신하가 "이 표시로 너희는 승리할 것이다"라고 더듬거리며 읽었다.

"그게 무슨 뜻인가?"

황제는 여러 신하를 돌아보았으나, 어느 누구도 속 시원히 대답하지 못했다.

그날 밤, 콘스탄티누스는 꿈을 꾸었다.

꿈속에서 예수 그리스도가 나타나더니, '모든 방패와 군대 깃발에 십자가를 그리고 싸워라'라고 계시해 주었다. 성령을 입은 것이다.

다음 날 아침 콘스탄티누스의 군대는 십자가가 그려진 군대 깃발과 십자가가 새겨진 방패를 들고 전투에 나가 승리를 거두었다. 전투가

흑 해

아드리아노플

콘스탄티노플

니케아

에 게 해

버가모

두아디라

사데

서머나

빌라델비아

에베소

라오디게아

아테네

카파도키아

로도스 섬

크레타 섬

지 중 해

키프로스

🔺 초대 교회

초대 일곱 교회 요한계시록에 기록된 기독교 초대
교회 7곳은 모두 터키에 남아 있다. 오늘날에도
초기 기독교의 성지를 찾는 사람들로 북적인다.

끝난 뒤 그는 말 위에서 칼을 높이 쳐들고 외쳤다.

"기독교의 하나님이 내게 승리를 주셨다. 나는 이제부터 하나님을
숭배할 것이다."

전쟁터에서 돌아온 대제는 기독교를 믿는 것을 허용하겠다고 선언
했다. 그는 사람들이 교회에 나갈 수 있도록 일요일을 공휴일로 정했
으며, 박해 중에 몰수된 교회의 재산을 돌려주었고, 성직자를 우대했
다. 313년에는 밀라노 칙령을 발표해 기독교를 공인하기에 이르렀다.

사람들은 더 이상 기독교를 믿는다는 이유로 십자가형을 당하거나 콜로세움의 사자 밥이 되지 않을 수 있었다.

이후 콘스탄티누스 대제는 325년에 아나톨리아의 니케아(이즈니크)에서 300여 명의 성직자가 모인 가운데 종교 회의를 열었다. 이 회의에서 당시 여러 교리 가운데 하나님과 예수와 성령은 하나라는 삼위일체설을 공식적으로 인정했다. 그리고 콘스탄티노플 교회를 기독교 교회의 중심으로 삼았다. 이로써 로마 제국의 중심지인 콘스탄티노플이 기독교의 중심이자 유럽 세계의 중심이 되었다.

5 콘스탄티노플, 비잔티움 제국의 중심이 되다

비잔티움에서 콘스탄티노플로

콘스탄티누스가 즉위할 무렵, 로마 제국은 점점 약화되고 있었다. 콘스탄티누스 대제는 제국에 새 기운을 불러일으키기 위해 낡고 타락한 로마를 벗어나고 싶었다.

"로마를 대신할 수도를 추천해 보시오."

콘스탄티누스의 명에 많은 사람들이 비잔티움을 추천했다. 비잔티움은 지방 장관 비자스와 개척의 영웅 안테스를 중심으로 그리스인들이 건설한 폴리스였다.

"보스포루스 해협을 사이에 두고 아시아와 유럽이 만나는 지점에 있습니다."

"이전 디오클레티아누스 황제 때 동쪽 로마의 중심지이기도 했습니다."

"바다로 둘러싸여 있어 지중해로 나가거나 무역을 하기에 아주 좋습니다. 방어하기도 유리합니다."

"좋소, 비잔티움으로 옮기도록 하시오."

콘스탄티누스는 비잔티움에 교회와 궁전, 원로원과 원형경기장을 만들고, 330년에 수도를 옮겼다. 로마 제국의 중심지는 더 이상 이탈리아가 아니었다. 비잔티움은 '새로운 로마'라는 뜻의 'Nova Roma' 또는 '콘스탄틴의 도시'라는 뜻의 콘스탄티노플이라고 불렸다.

콘스탄티누스 대제 이후 로마 제국은 힘이 더욱 약화되다가, 결국 395년에 콘스탄티노플을 수도로 한 동로마 제국과 로마를 수도로 한 서로마 제국으로 분열되었다. 힘이 약해진 서로마 제국은 476년 게르만족˙의 침입을 받아 멸망했다. 하지만 서로마 제국이 멸망한 뒤에도 동로마 제국은 아나톨리아 반도와 콘스탄티노플을 중심으로 약 1000년간 더 번영을 누리며 발전했다. 이러한 동로마 제국을 비잔티움 제국이라고도 부른다. 비잔티움 제국은 6세기 유스티니아누스 황제가 다스릴 때 전성기를 맞았다.

유스티니아누스 황제, 비잔티움 제국을 다스리다

유스티니아누스가 비잔티움 제국을 다스리던 532년 1월의 어느 날, 차가운 바람이 몰아치던 콘스탄티노플의 원형경기장은 엄청나게 많

● **게르만족** | 원래 유럽 북부 지방에서 수렵과 목축 생활을 하던 민족으로, 4세기 후반 훈족의 압박을 받아 대부분이 로마 제국의 영토로 이동해서 곳곳에 왕국을 세웠다.

유스티니아누스 황제 모자이크화 유스티니아누스(재위 527~565)가 사제와 귀족들을 거느리고 있는 모습의 모자이크화로, 이탈리아 성비탈레성당의 내부를 장식하고 있다.

은 군중이 동시에 질러 대는 함성으로 떠나갈 듯했다. 그들은 하나같이 분노에 찬 목소리로 주먹을 하늘로 추켜올리며 "니카, 니카(무찔러라! 이겨라!)"를 외쳤다.

원형경기장을 빠져나온 그들은 성난 파도같이 거리를 휩쓸고 다니면서 상인들의 상점을 습격하고, 황궁에 불을 질렀다. 이들의 발아래 성소피아성당 등 콘스탄티노플의 주요 건물이 참혹하게 불타고 파괴되었다.

이들이 폭동을 일으킨 까닭은 무엇일까?

당시 비잔티움 제국의 황제들은 관리들에게 관직을 팔아 돈을 마련했다. 황제들은 그렇게 마련한 돈을 가지고 콘스탄티노플의 민중들에게 무료로 급식을 제공하고, 각종 축제와 운동 경기를 열어 주면서 왕권의 안정을 꾀해 왔다. 특히 원형경기장에서 열리는 말이 끄는 이륜전차 경주는 콘스탄티노플 시민들에게 열광적인 인기를 얻고 있었다.

그런데 527년, 황제로 즉위한 유스티니아누스가 과감히 이를 폐지했다.

돈으로 관직을 사고파는 일을 없앴고, 빵을 무료로 나누어 주지도 않았으며, 전차 경주도 금지시켜 버렸다. 공짜 빵과 전차 경주가 주는 쾌감에 오랫동안 익숙해져 있던 군중은 이를 잊지 못하고 그리워했다. 전차 경주가 열리지 않아도 매일 원형경기장에 나와 주변을 배회했다. 그러다 어느 날 갑자기 특별한 주동자도 없이 폭동이 일어났던 것이다. 많은 사람들이 누가 먼저라고 할 것도 없이 경기장에서 늘 외치던 그 구호를 외쳤다.

"니카!"

"이겼다. 우리가 승리했다."

그들은 여세를 몰아 개혁을 추진했던 사람들을 죽여야 한다고 주장했다. 또 자기들 마음대로 새 황제를 선출하기도 했다.

도시를 쑥대밭으로 만들고 궁궐마저 불태우는 성난 군중의 기세에 놀란 유스티니아누스 황제는 콘스탄티노플에서 도망치려 했다.

그때 테오도라 황후가 지금 도망치면 다시는 황제 자리에 앉지 못한다고 꾸짖으며 당당히 맞서라고 설득했다. 황후의 이야기를 들은 유스티니아누스는 결국 궁궐을 떠나지 않았다. 오히려 장군에게 군대를 이끌고 경기장으로 가서 군중을 진압하라고 명령했다. 황제의 군대는 원형경기장에 모여 있던 사람들을 칼과 창으로 잔인하게 진압했

프랑크 왕국

서고트 왕국

●로마

○콘스탄티노플

혹 해

비잔티움 제국

아테네●

지 중 해

크레타 섬

키프로스

●안티오크

사산 왕조 페르시아

●다마스쿠스

●예루살렘

●트리폴리

알렉산드리아●

▨▨▨▨ 유스티니아누스 황제 즉위 시의 동로마 제국(527)
▨▨▨▨ 유스티니아누스 황제의 정복지
◀━━━ 유스티니아누스 황제의 원정로
☐☐☐ 비잔티움 제국의 최대 영토

유스티니아누스 시대의 비잔티움 제국(6세기 초) 유스티
니아누스 황제는 발칸 반도, 이탈리아, 북아프리카 등
옛 로마 제국의 영토 대부분을 되찾음으로써 비잔티움
제국의 전성기를 이끌었다.

다. 이때 황제의 군대에게 무참히 죽어 간 사람이 무려 3만 명이 넘었
다. 콘스탄티노플 인구의 1/6이 그 자리에서 죽은 것이다.

비잔티움 문화가 발달한 콘스탄티노플

즉위한 지 5년 만에 '니카의 반란'을 피로 진압한 유스티니아누스는
강력한 황제권을 바탕으로 위대한 로마 제국의 부활을 꿈꾸었다. 그
는 영토를 확장해 과거 로마 제국의 영토 대부분을 다시 차지했고, 지
중해를 다시 비잔티움 제국의 호수로 만들었다. 콘스탄티노플은 100
만 명이 넘는 사람이 모여 사는 대도시가 되었으며, 길바닥까지 돌로

유스티니아누스 법전 법전 첫 페이지의 내용
을 그림으로 풀이한 것이다.

매끈하게 포장할 정도로 큰 번영을 누렸다.

하지만 영토가 넓어지면서 각 지역마다 제각기 다른 법률을 적용하
자 제국은 혼란에 빠졌다. 어떤 지역에서는 도둑질한 사람을 사형시
키는데 다른 지역에서는 벌금 정도의 가벼운 벌을 준다면, 제국은 하
나로 통합될 수 없었다.

이에 유스티니아누스 황제는 넓은 영토와 여러 민족을 다스리기 위
해 법률을 만들도록 했다. 수백 명의 학자가 옛 그리스와 로마의 법률
을 수집하고 분석해서 '유스티니아누스 법전'을 만들었다.

비잔티움 제국은 유스티니아누스 황제가 다스리는 동안 날로 번창
했다. 로마 제국의 영광을 재현하는 듯했다. 그러나 그 영광은 그리

오래가지 않았다. 그가 죽고 난 후 황제의 권위가 점차 약해지더니, 결국 7세기 초에는 군대가 반란을 일으키고 마음대로 황제들을 세워 제국을 다스렸다.

군인 황제의 등장으로 힘이 약화되기는 했지만, 터키 땅은 오랫동안 비잔티움 제국의 영토였다. 10~11세기 초에 다시 한번 유스티니아누스 황제 때에 버금가는 영토 확장을 이루어 냈지만, 제국은 더 이상 발전하지 못하고 정체되었다. 마침 10세기 무렵부터 튀르크족이 서서히 아나톨리아로 이동하기 시작했다. 이슬람교를 믿는 튀르크족이 멀리 동쪽으로부터 이동해 와 기독교 문화가 발달한 아나톨리아 땅에 여러 나라를 세우면서 제국은 더욱 위축되었다. 11세기에는 셀주크 제국과 벌인 만지케르트(말라즈기르트) 전투에서 패배했고, 12세기에는 룸 셀주크와 벌인 미리오케팔론 전투에서 또다시 패배했다. 그리고 4차 십자군 전쟁 때는 콘스탄티노플이 점령되는 등 비잔티움 제국의 세력이 크게 줄어들었다. 마침내 1453년, 오스만 제국의 메흐메트 2세가 콘스탄티노플을 함락시키면서 1000년의 역사를 가진 비잔티움 제국은 멸망하고 말았다. 콘스탄티노플은 이스탄불로 이름이 바뀌었다. 이제 터키 땅은 기독교를 중심으로 한 비잔티움 문화권에서 튀르크족의 이슬람 문화권으로 넘어가게 되었다.

비잔티움 문화의 꽃,
성소피아성당

"솔로몬이여, 우리는 당신을 이겼노라!"

5년여에 걸친 대역사 끝에 드디어 성당이 완성되던 537년 12월 27일, 유스티니아누스 황제는 감격에 겨워 소리 높여 외쳤다.

성소피아성당을 건설하는 데 비잔티움 제국의 모든 것이 동원되었다고 해도 지나친 말이 아니었다. 유명한 수학자였던 안테미우스가 수석 건축기사를, 기하학자인 이시도루스가 조수를 맡았고, 목수 1000여 명과 노동자 1만여 명이 작업에 동원되었으며, 최고의 건축 재료를 썼다. 황제는 자신의 자존심을 걸고 그 전보다 더 크고 더 아름다운 성당을 짓도록 했다.

마침내 성당이 완성되자 그 아름다움에 감탄한 유스티니아누스는 "예루살렘의 성전보다 더 아름다운 성당을 지었다"며 솔로몬을 이겼다고 소리쳤다.

유스티니아누스 황제는 니카의 반란 때 불타 버린 성당을 다시 일으켜 세우려고 했다.

"하나님을 모시는 교회가 왜 이렇게 자주 불타는지 그 원인을 찾아라."

유스티니아누스는 불에 쉽게 타는 성당 구조를 고쳐야 한다고 생각했다.

"지금까지 성소피아성당은 외벽은 돌로 쌓았지만 지붕을 비롯한 내부 기둥은 목재를 사용했기 때문입니다."

안테미우스의 설명을 들은 유스티니아누스는 '그렇다면 성당의 본체에 목재를 사용하지 말고 지으라'고 명령했다.

"필요한 재료는 무엇이든지 가져다 써라. 고대 신전의 대리석 기둥이라도 가져다 써라."

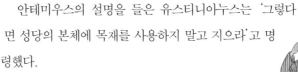

이때 에페스의 아르테미스 신전과 델피 신전의 대리석 기둥이 뽑혔고, 붕괴되었다.

또 내부 구조도 다르게 만들었다. 이전에는 직사각형의 바실리카형 건물이었다. 바실리카*에는 많은 사람이 한꺼번에 모일 수 있었지만, 앞뒤 거리가 너무 멀어서 뒷줄에 앉은 사람에게까지 예배가 잘 전달되지 않는 문제점이 있었다. 이 문제를 해결하기 위해 새 성당은 예배에 참가한 사람들이 모두 집중할 수 있도록 정사각형으로 몸체를 만들었다. 그 위에 하늘을 상징하는 커다란 돔 지붕을 올렸다. 돔 지붕을 24개의 엄청나게 큰 대리석 기둥으로 받쳤다. 몸체의 벽과 돔이 만나는 부분에는 아치형 창문을 만들고 색유리로 장식했다. 햇빛이 색유리를 통과하면서 오색찬란한 빛을 뿜어내면, 성당 안은 환상적인 모습으로 변했다.

성당 내부의 벽면은 화려한 모자이크화로 장식했다. 벽이나 천장에 끈적끈적한 하얀 석고를 얇게 펴 바른 다음, 유리로 만든 금칠 조각들을 조금씩 다른 각도로 붙여서 모자이크화를 만들었다. 햇빛이 비치면 빛이 여러 갈래로 반사되어 성화가 훨씬 화려하고 성스럽게 보이도록 하기 위해서였다.

성소피아성당 높이 54미터, 동서 길이 77미터, 남북 길이 71.7미터, 넓이 7570제곱미터의 정사각형 벽 위에 지름 32.96미터짜리 돔 지붕을 올린 비잔티움 양식의 대표적인 성당이다. 이 내부는 화려한 모자이크로 장식되어 있다.

| 성소피아성당 내부의 모자이크화 |

수태 장면의 모자이크화 중앙에는 그리스도가 왼손에 "너는 평화, 우리는 세상의 빛이 되리라"라고 그리스어로 쓰인 책을 들고 앉아 있다. 왼쪽에는 성모마리아, 오른쪽에는 천사 가브리엘의 모습이 보인다. 그리스도의 발 아래 무릎을 꿇고 있는 사람은 비잔티움 제국의 황제 레오 6세다.

성모마리아가 있는 모자이크화 중앙에는 어린 그리스도를 안은 성모마리아가 있다. 오른쪽의 성벽을 바치는 사람은 콘스탄티누스 대제, 왼쪽의 성소피아성당을 바치는 사람은 유스티니아누스 황제다.

그러나 아쉽게도 유스티니아누스 황제 때 어떤 모자이크화가 있었는지는 지금 알 수 없다. 726년부터 시작된 성상숭배금지령®에 따라 많은 모자이크화들이 파괴되었기 때문이다.

성소피아성당은 이후 이슬람교의 모스크로, 그리고 지금은 아야소피아 박물관으로 변했지만, 1000년이 지난 오늘에도 여전히 사람을 매혹시키는 멋진 자태로, 사라진 비잔티움 제국의 영화와 터키 땅에 꽃핀 고대 서구 문명의 찬란한 유산을 생생하게 보여 주고 있다.

● **바실리카** | 고대 이탈리아의 시장, 관공서와 같이 내부가 텅 빈 직사각형의 강당이 있는 건물을 뜻한다.
● **성상숭배금지령** | 비잔티움 제국의 황제 레오 3세가 그림이나 조각으로 이루어진 그리스도, 성모마리아, 순교자, 성자 등의 이른바 성상(聖像)을 숭배하는 것을 우상 숭배로 여겨 파괴하라는 명령을 내렸다. 지금의 모자이크화는 성상숭배금지령이 풀린 843년 이후에 만들어진 것들이다.

2장

터키의 조상, 튀르크

터키 땅에서 유스티니아누스 황제가 비잔티움 제국을 다스리고 있을 즈음, 현대 터키인의 조상인 튀르크족은 몽골 초원에서 유목 생활을 하고 있었다. 튀르크족은 6세기에 처음 국가를 세우고 제국으로 발전했다. 튀르크 제국은 이후 몽골 초원을 중심으로 한 동튀르크 제국과 중앙아시아를 중심으로 한 서튀르크 제국으로 나뉘어 발전했다. 서튀르크 제국은 비잔티움 제국과 교역하면서 비단길을 중심으로 활동했는데, 이슬람교를 받아들였으며 점차 서쪽으로 이동했다. 오늘날 터키인의 조상은 이 무리에서 나왔다.

552년 부민(Bumin, 토문), 튀르크 국가 건설

582년 동서 튀르크로 분열

630년 동튀르크 제국 멸망

651년 서튀르크 제국 멸망

682년 쿠틀룩, 튀르크 제국 재건

751년 탈라스 전투

751년 프랑크 왕국, 카롤링거 왕조 수립

618년 중국, 당 건국

751년 당, 탈라스 전투에서 이슬람군에 대패

710년 일본, 나라 시대(~794)

676년 신라, 삼국 통일

698년 발해 건국

610년 무함마드, 이슬람교 창시

622년 무함마드가 메카에서 메디나로 이동(헤지라)

750년 아바스 왕조 성립

1 | 터키인의 조상을 만나다

터키, 1400여 년 전에 건국되다?

터키는 1952년에 '건국 1400주년 기념제'를 열었다. 무스타파 케말 아타튀르크가 공화국을 건설한 1923년으로부터는 30년, 오스만 제국이 세워진 1299년으로부터는 650년밖에 지나지 않았는데, 어떻게 터키라는 나라가 세워진 지 1400년이나 되었다고 할 수 있을까?

그렇다면 1400년 전으로 거슬러 올라가 보자. 552년, 이해에는 역사적으로 무슨 일이 있었을까? 중국의 역사 기록에 따르면 552년은 돌궐이 유연으로부터 독립해서 나라를 세운 해다. 왜 터키는 동방의 유목 민족인 돌궐이 나라를 세운 552년을 건국의 기원으로 삼았을까? 과연 돌궐과 터키는 어떤 관계가 있을까?

1923년에 탄생한 나라의 정식 이름은 터키어로 '튀르키예 줌후리예티(Türkiye Cumhuriyeti)', 즉 튀르키예 공화국이다. 나아가 터키는 스스로 자신들의 조상을 몽골 초원을 누비던 유목 민족인 '튀르크'족이라고 말한다. 왜 터키는 튀르크족을 조상이라고 말할까?

'튀르키예'는 '튀르크'와 같은 말인데, 몽골의 오르혼강 주변에서 발굴된 오르혼 비문에 처음으로 쓰였다. '튀르크'는 '투쿠에(Tu-kue)'에서 유래한 '튀뤽(Türük)'에서 나온 말로, '힘센' 또는 '방패'라는 뜻을 가진, 유목 민족의 힘찬 기상이 느껴지는 이름이다.

그런데 '하늘(Kok)에 속한 신성한 튀르크'라는 귀한 뜻을 가진 '콕-튀르크(Kok Turk)'가 바로 중국의 옛 기록에 자주 등장하는 '돌궐'이다. 중국에서는 '튀르크'의 음을 따서 突厥(돌궐)로 적었는데, 돌(突)은 '부딪치다', '뚫다', '갑작스럽다'라는 뜻이며, 궐(厥)은 '오랑캐'를 뜻한다. 따라서 돌궐이란 말은 튀르크의 침입으로 자주 괴롭힘을 당했던 중국인들이 '날뛰는 오랑캐 족속'이라는 뜻으로 이들을 낮추어 부른 이름인 것이다.

삼국 시대에 만주를 호령했던 고구려와 손잡고 중국을 견제해 우리나라 역사책에도 자주 등장하는 돌궐이 바로 '튀르크'다. 그렇다면 중국이 낮추어 부른 '돌궐' 대신 그들이 스스로를 일컬었던 '튀르크'라고 부르는 것이 좋지 않을까?

튀르크, 즉 돌궐은 오늘날 터키에서 동쪽으로 아주 멀리 떨어진 몽골 초원에서 살던 사람들이다. 이들은 6세기 후반에 몽골 초원을 아우르는 제국으로 발전했다가 동튀르크와 서튀르크로 분열되었다. 서튀르크족의 일부인 셀주크 튀르크가 점차 서쪽으로 이동해서 셀주크 제국을 세웠으며, 이들이 계속 서쪽으로 영토를 넓혀 터키 땅에 룸 셀주크를 세웠다. 그 뒤를 이어 오스만이 세운 오스만 제국이 오늘날 터키 땅을 중심으로 발달했고, 이를 직접 계승한 나라가 바로 터키다.

결국 오늘날의 터키는 튀르크족이 아주 오랜 시간에 걸쳐 서쪽으로 먼 길을 이동해서 지금의 터키 땅에 세운 나라인 것이다.

유목 생활을 하며 초원 지대를 떠돌다

본래 튀르크족이 살았던 몽골과 중앙아시아 지역은 건조한 초원이 끝없이 펼쳐진 곳이었다. 서늘한 여름이 4개월간 계속되다가 다시 혹독한 겨울이 8개월간 이어질 뿐, 봄과 가을은 거의 없었다. 이곳에서 이들은 주로 양, 소, 말, 낙타 등의 가축을 키우며 살았다.

이곳은 마실 물과 먹을 풀이 항상 부족했다. 여름에 가뭄이 들어 풀이 말라 버리거나 때 이른 추위로 눈이 일찍 내려 풀이 눈에 덮여 버리면, 그때마다 부족 전체가 목숨을 걸고 새로운 곳으로 이동해야 했다.

몽골 초원의 한 마을에 며칠 동안 건조한 바람이 사정없이 불었다. 비 한 방울 내리지 않은 채 해는 뜨겁게 초원을 달구었다. 저녁이 되자 사람들은 말을 타고 양 떼를 몰아 마을로 돌아왔다. 몇 개의 천막집이 듬성듬성 모여 있는 마을은 동물들의 울음소리로 금세 소란스러워졌다.

저녁을 먹은 뒤 사람들이 족장의 집으로 모여들었다.

"동쪽 초원에서는 더 이상 양에게 먹일 풀을 찾을 수가 없어요."

"서쪽도 마찬가지예요."

"그래? 벌써 옮길 때가 되었나?"

"가뭄이 심해서 큰일입니다."

"어쩔 수 없지, 내일 아침에 다른 곳으로 떠나도록 하자."

"예."

모두들 한숨을 내쉬고 흩어져 각자의 집으로 돌아갔다.

다음날 해가 뜨자마자 사람들은 집을 풀어 헤쳤다. '게르'라고 불리는 집은 천막으로 만들었는데, 이는 풀을 찾아 이동하며 살아야 했기에 언제든지 뜯고 다시 세우기 쉽게 하기 위해서였다. 사람들은 순식간에 집을 해체한 뒤 수레나 낙타 등에 살림살이를 싣고 양 떼에게 먹일 풀을 찾아 또 다른 곳으로 옮겨 갔다.

튀르크족은 주로 여름과 겨울 야영지를 따로 두고 두 곳을 옮겨 다니면서 생활했다. 야영지로 이동하는 길목 곳곳에는 우물과 목초지를 만들었다. 이들은 돼지와 닭, 오리 등은 키우지 않았는데, 걷는 속도가 너무 느려서 이동하는 데 방해가 되었기 때문이다.

척박한 자연환경을 이겨 낼 강한 지도자가 필요하다

튀르크족은 한 게르에 사는 가족(오구쉬)을 중심으로 몇 집이 모여 대가족을 이루고 살았다. 자식이 커서 결혼을 하면 부모는 자식에게 게르를 지어 주고, 가축 등 재산을 물려주었다. 결혼과 동시에 게르를 가졌기 때문에 튀르크어에서 '결혼한다'는 말은 '게르를 가진다'와 같은 뜻으로 쓰였다.

게르를 가진 가장은 가족을 책임지기 위해 말타기, 활쏘기, 씨름 등을 익혔다. 결혼은 일부일처가 원칙이되, 만일 형제가 죽으면 죽은 형제의 아내와 결혼해서 형제의 가족을 책임졌다. 부모의 게르는 가장 마지막에 독립하는 나이 어린 막내가 물려받았다.

대가족이 여럿 모여 가문(우루그)을, 여러 가문이 모여 씨족(보드)을 이루었다. 씨족은 베이라 부르는 씨족장이 다스렸다. 또 여러 씨족이

몽골 초원 건조한 몽골 초원 지대에서 사람들은 소나 양 같은 가축을 키우기 위해 풀을 찾아 이동하며 살았다. 오늘날 터키의 아나톨리아 고원에서도 흔히 볼 수 있는 모습이다.

모여 부족(보둔)을 이루었는데, 부족의 세력에 따라 부족장은 '카간'
이나 '야브구'로 나누어 불렸다. 카간은 부족을 다스리는 최고 지배자
로, 세금을 걷고 군대를 양성하며 재판을 담당했다.

튀르크족은 척박한 자연환경 속에서 강한 지도자를 중심으로 서로
의지하면서 살았다. 좋은 목초지를 차지하기 위해 부족끼리 싸우기도
하고, 부족 안에서 내분이 일어나기도 했다. 싸움에서 패배한 부족은
다른 목초지를 찾아 멀고 험한 길을 이동해야 했고, 만일 마땅한 목초
지를 찾지 못하면 부족 전체의 생명이 위험해지기도 했다.

이렇게 부족 내부나 부족 사이의 싸움에서 살아남기 위해서는 능력
이 뛰어난 지도자가 부족을 이끄는 것이 무척 중요했다. 사람들은 나
이가 아니라 능력을 보고 우두머리를 삼은 뒤 그에게 절대 복종했다.
가끔 지도력이 뛰어난 카간이 나타나면 부족은 순식간에 넓은 지역을
통합하고 큰 나라로 성장하기도 했다.

◉ 흉노족과 훈족 그리고 튀르크족

애니메이션 〈뮬란〉에는 무서운 칼을 빼들고 바람처럼 빠르게 말
을 타고 다니는 포악한 부족이 등장한다. 만리장성을 넘어 뮬란
이 사는 한족 마을에 쳐들어와서 무자비하게 사람을 죽이고 식
량을 약탈하는 사람들로 묘사되는 이들이 바로 흉노족이다. 이
들은 돌궐을 세운 튀르크족의 조상에 해당하는 부족으로, 중국
의 역사책 《주서(周書)》에는 "돌궐은 대부분 흉노의 별종이다"

라며 돌궐이 흉노의 후손이라고 기록한 내용이 있다. 이들은 몽골에서 유목 생활을 하던 중 기원전 3세기 무렵 대제국을 건설했다. 천고마비의 계절인 가을이 오면 흉노족은 어김없이 농사를 짓는 한족의 땅으로 쳐들어가 식량을 약탈하곤 했다. 그래서 농경 민족인 한족에게 가을은 항상 두렵고 공포스러운 계절이었다. 골칫거리인 흉노족의 침략을 막기 위해 진나라의 시황제는 만리장성을 쌓았으며, 한나라 무제는 장건을 서쪽에 파견했는데, 이 과정에서 비단길이 개척되었다.

로마 제국을 무너뜨린 게르만족의 이동을 불러온 이들 역시 흉노족의 한 갈래인 훈족이다. 훈족은 족장 아틸라의 지도 아래 기동성과 활을 무기 삼아 서유럽으로 쳐들어와서 대제국을 건설했다. 훈족이 쳐들어오자 라인강 유역에 살고 있던 게르만족이 땅을 잃고 서쪽으로 쫓겨났으며, 이들은 로마 제국 곳곳을 휩쓸고 지나갔다. 게르만족의 침략으로 결국 서로마 제국은 476년에 멸망하고 말았다.

2 | 튀르크족, 국가를 세우다

튀르크족은 늑대의 후예

오래전 튀르크족의 힘이 아주 약했을 때, 한 부족이 주변 부족의 공격을 받았다. 그때 주민 모두가 살해되었는데, 다행히도 어린 사내아이한 명만이 겨우 살아남았다. 침입자들은 소년을 발견했지만 겨우 열살 남짓한 어린아이라 차마 죽이지 못하고 두 발을 자른 뒤에 근처 풀밭에 버렸다. 발에서는 피가 흐르는 채 굶주리고 목마른 상태로 며칠을 버티던 소년은 늑대의 울음소리를 들었다. 순간, 숨이 끊어져 가는고통 속에서도 생명의 끈을 붙잡고 있던 소년은 절망하고 말았다.

'아! 이제 정말 죽는구나!'

조금 있으면 늑대의 밥이 될 것을 생각하니 저절로 눈물이 흘렀다.

그런데 이게 웬일인가? 늑대가 소년을 잡아먹기는커녕 먹을 것과물을 주고, 발에 난 상처를 핥아 아물게 해 주는 등 온갖 정성을 다해 보살펴 주는 것이 아닌가?

얼마 후, 암컷인 늑대는 소년의 아이를 갖게 되었다. 그러던 어느 날, 침입자의 우두머리가 소년이 아직 살아 있다는 소식을 들었다.

"당장 그 소년을 죽이고 오너라."

침입자는 날쌘 말을 타고 쏜살같이 달려와 단칼에 소년을 죽여 버렸다. 소년은 마지막 숨을 몰아쉬며 힘없는 눈으로 늑대를 바라보다 고개를 떨구었고, 늑대는 소년의 옆을 떠나지 않은 채 슬프고 격한 분노의 울음을 토해 냈다. 침입자는 늑대의 울음소리에 머리가 쭈뼛거리고 기분이 좋지 않았다. 늑대마저 죽이려고 칼을 휘두르자, 그제야 늑대는 재빨리 산속으로 도망갔다. 늑대가 도망간 산속에는 동굴이 하나 있었는데, 동굴 안은 넓고 풀이 많아 살기가 좋았다. 늑대는 동굴에 숨어 살면서 아들 열 명을 낳아 키웠다. 열 명의 아들은 커서 동굴 밖으로 나간 뒤 부인을 얻고 자손을 낳았으며, 저마다 자기 성을 가졌다.

열 명의 아들이 가진 10개의 성 가운데 막내아들의 성이 '아쉬나'였는데, '아쉬나'라는 말은 튀르크어로 '늑대'라는 뜻이다. 그가 바로 튀르크 제국의 왕(카간)을 배출하는 씨족의 조상이 되었다.

이 설화는 강인함의 상징인 늑대를 부족의 수호신(토템)으로 숭배했던 유목 민족의 전통에서 비롯되었다. 우리나라의 단군신화에 호랑이와 곰이 등장하듯이, 튀르크 제국의 건국 설화에는 늑대가 등장한 것이다. 튀르크 제국은 군대의 깃발 끝에 황금으로 새긴 암컷 늑대의 머리 모양을 달고, 왕의 시종들을 늑대라고 부르는 등 늑대를 상징으로 삼았다.

부민, 튀르크족의 첫 국가를 세우다

우리나라에서 고구려, 백제, 신라가 발전할 무렵인 6세기경, 튀르크족은 우수한 철 생산 기술을 가졌음에도 불구하고 아직 유연(몽골 지방에 살던 고대의 유목 민족)의 지배를 받고 있었다. 유연의 왕들은 튀르크족이 만들어 준 철제 무기 덕분에 강한 군사력을 유지하면서도 이들을 마치 노예처럼 천하게 여기고 함부로 다루었다.

이때 튀르크족을 이끌던 사람은 부민(토문)이었다. 당시 유연은 왕인 아나괴와 숙부가 서로 싸워 힘이 약해져 있었다. 부민은 아나괴를 이기게 도와준 뒤, 그 대가로 유연의 공주와 결혼하고 싶다고 말했다.

그러나 아나괴는 "대장장이 주제에 감히 누굴 넘봐? 분수도 모르는 놈. 너희는 우리의 노예라는 사실을 분명히 기억해라"라고 말하며 단칼에 거절해 버렸다.

아나괴가 자신의 청혼을 거절하자, 부민은 잔뜩 화가 났다. 자기들이 공급해 주는 철제 무기 덕분에 유연이 강력한 군대를 유지하는 상황인데도 이렇게 무시하는 것을 더는 참을 수 없었다. 게다가 자신들의 도움을 받아야 할 정도로 유연의 힘이 약해졌다는 것도 잘 알고 있었다.

부민은 "그래? 아나괴가 우리를 무시하고 청혼을 거절했다고? 좋아, 이제부터 우리가 만든 철제품은 단 한 개도 주지 않겠다. 우리를 무시한 아나괴에게 본때를 보여 주고, 이 치욕을 갚고야 말겠다"고 다짐하며 관계를 끊어 버렸다. 튀르크족이 더 이상 철제 무기를 공급해 주지 않자 유연의 힘은 빠르게 약해졌다.

부민 카간 돌궐을 세운 부민 카간의 동상으로, 오늘날 터키의 소굿 지역에 있다.

이 기회를 노려 부민은 스스로 '일릭-카간', 즉 '나라를 세운 왕'의 지위에 올랐다. 그 뒤 중국(당시는 서위)과 손잡고 유연을 공격했다. 이들의 공격을 받은 유연은 멸망했고, 아나괴는 스스로 목숨을 끊었다. 중국은 《자치통감》이라는 역사책에서 이 일을 "돌궐의 토문이 유연을 습격해서 크게 격파하다. 유연의 아나괴(두병가한)가 자살하다"라고 기록하고 있다.

드디어 부민은 튀르크인의 나라가 탄생했음을 선언했다. 지금으로부터 약 1500년 전인 552년의 일이다. 이때 부민이 세운 나라가 튀르크족이 세운 최초의 나라로, 터키는 이해를 건국의 해로 기념하고 있다.

프랑크 왕국

3 서튀르크, 중앙아시아로 진출하다

동튀르크와 서튀르크의 발전

552년, 아쉽게도 부민은 튀르크 국가를 건국하던 해에 세상을 떠났다. 그가 죽자 아들인 무칸은 나라의 중심지인 동부 지역을, 동생인 이스테미는 서부 지역을 각각 다스렸다. 부모가 세상을 떠나면 자식과 친척들이 재산을 나누어 갖는 유목 민족의 전통에 따른 것이다. 이후 동부 지역은 동튀르크 제국, 서부 지역은 서튀르크 제국으로 발전했다.

동튀르크 제국은 고구려의 영토인 만주 부근까지 세력을 넓혔다. 오르혼 강변에 있는 비석 가운데 하나인 '빌게 카간의 비문'에 따르면, 무칸은 '사방에 군대를 보내 모든 종족을 복속시키고, 머리를 가진 자는 머리를 숙이게 하고, 무릎을 가진 자는 무릎을 꿇게 할 정도'로 강력한 힘을 가진 왕(카간)이었다고 한다. 그의 지배 아래 '동으로

흑 해

카
스
피
해

아랄 해

발하슈 호

바이칼 호

비잔티움 제국

사산 왕조 페르시아

서튀르크 제국

동튀르크 제국

지 중 해

홍
해

수

티 베 트

인 도

고구려
백제 신라

동서 튀르크 제국 552년에 건국된 튀르크 제국은 중앙아시아를 중심으로 한 서튀르크와 몽골 초원을 중심으로 한 동튀르크로 나뉘어 발전했다. 특히 서튀르크 제국은 비단길을 통해 비잔티움 제국과 교류하기도 했다.

는 킨칸 산맥, 서로는 철문에 이르기까지의 땅이 모두 튀르크족이 지배하는 튀르크 국가가 되었으며, 현명하고 용감한 군주 아래 신하와 귀족들 그리고 백성들도 모두 현명하고 용감했다'고 한다. 572년 무칸이 사망했을 때 외투켄에서 거행된 장례식에는 중국, 티베트, 비잔

고구려 조문 사절 우즈베키스탄 사마르칸트의 아프라시압 궁전에서 발견된 벽화. 머리에 깃을 꽂고 있는 오른쪽 두 사람이 고구려 사절로 보인다.

오르혼 비석 1709년 스웨덴과 러시아 간의 전투에 참가했던 스웨덴 장교 스트라흐렌베르그가 러시아의 포로가 되어 13년간 유배 생활을 하던 중에 외몽골의 오르혼 강변에서 발견한 3개의 커다란 비석으로, 튀르크 제국을 재건한 빌게 카간과 동생인 퀼테긴, 그리고 당시의 재상인 톤유쿡의 공을 기리기 위해 세웠다. 왼쪽은 톤유쿡 비, 오른쪽은 퀼테긴 비다. 퀼테긴 비는 높이 3.75미터, 폭 1.2~1.3미터의 크기로, 동남쪽 면은 튀르크 문자, 서쪽 면은 한자로 퀼테긴의 업적이 기록되어 있다.

티움, 거란, 고구려 등 사방의 국가와 종족이 조문 사절을 보냈다.

서튀르크 제국은 중앙아시아 일대를 차지하고 번영을 이루었다. '오르혼 비석' 가운데 하나인 '퀼테긴 비'에 이스테미는 "위로 푸른 하늘이, 아래로 거무스름한 땅이 창조되었을 때 이 둘 사이에서 사람이 창조되었다. 사람들 위에는 나의 조상 부민 카간, 이스테미 카간이 보위에 앉았다. …… 사방의 오만한 자들을 머리 숙이게 하고, 힘 있는 자들을 무릎 꿇게 했다"라고 기록될 정도로 위대한 업적을 남겼다고 한다. 이스테미는 서튀르크 제국이 동서양의 길목에 있다는 점을 이용해 비단길을 통한 교역을 활성화했다. 실제로 이스테미는 567년에 콘스탄티노플에 직접 사신을 보내 비잔티움 제국의 유스티누스 2세와 만나 교류를 의논했다. 서튀르크 제국과 비잔티움 제국은 교류를 통해 상업과 무역이 크게 발달했다.

비록 튀르크 제국은 동서 튀르크로 나누어지긴 했지만, 여전히 넓은 영토를 다스렸고 중국에도 위협을 가할 정도로 강한 나라였다.

현장 스님, 서튀르크의 왕을 만나다

'치키치키 차카차카 초코초코 초'로 시작되는 에니메이션 〈날아라 슈퍼보드〉나 중국 소설 《서유기》에는 손오공, 저팔계, 사오정을 데리고 '불경'을 구하기 위해 천축국인 인도로 향하는 삼장 법사가 나온다. 삼장 법사는 온갖 어려움과 모험을 겪으면서 인도에 도착한다. 이 삼장 법사의 실제 인물이 바로 당나라의 현장 스님이다. 현장 스님 일행은 당나라를 출발해 인도로 가는 과정에서 서튀르크 제국의 왕에게 정중하고 극진한 대접을 받고, 《대당서역기》라는 책에 당시에 겪은 일을 기록했다.

현장 스님이 서튀르크 제국을 지날 때 있었던 일이다. 스님 일행은 왕의 초대를 받았다. 스님 일행이 방문한 왕의 숙소는 커다란 천막으로 만들어졌는데, 황금빛 꽃들로 화려하게 장식되어 있었다. 왕은 자수를 놓은 녹색 비단옷을 입고, 비단으로 이마를 여러 번 두른 다음 나머지를 등 뒤로 늘어뜨린 머리 장식을 하고 있었다. 왕과 마찬가지로 화려한 비단옷을 입은 관리들이 천막 입구에 큰 양탄자를 깔고 두

줄로 앉아 있었는데, 그 수가 200여 명은 족히 되어 보였다. 왕의 병사들 역시 모피나 모직 옷을 입고 낙타와 말을 탔는데, 숫자가 많아 끝이 보이지 않을 정도였다. 모두들 손에는 긴 창과 활, 부대를 상징하는 깃발을 들고 있었으며, 하늘을 찌를 듯 용맹해 보였다.

현장 스님 일행이 천막 안에 들어서자, 왕은 크게 웃으면서 이들을 환영했다.

"스님, 어서 오십시오. 오시는 길에 별 어려움은 없으셨습니까?"

"예, 감사합니다. 부족함 없이 아주 극진한 대접을 받았습니다."

"조금만 더 고생하시면 인도에 도착하실 겁니다. 그간 쌓인 피로를 맘껏 풀고 떠나시지요."

왕은 현장 스님 일행에게 술과 안주를 대접했다. 삶은 양고기와 송아지 고기를 담은 접시가 끊임없이 나오고, 음식이 산처럼 쌓였다. 떡과 밥, 요구르트, 포도는 물론 얼음사탕도 나왔다. 흥을 돋우기 위해 악기가 연주되자 사람들은 술잔에 술을 채우고 잔을 부딪치면서 밤새도록 즐겁게 먹고 마셨다.

이렇듯 현장 스님의 눈에 비친 서튀르크 제국은 비단옷을 입은 왕과 신하들, 그리고 용맹한 군인들이 맛있는 음식과 편안한 잠자리를 누리며 살아가는 발달된 문화를 가진 나라였다.

4 튀르크, 당과 대결하다

쿠틀룩, 튀르크 제국을 다시 세우다

튀르크족의 힘은 오래가지 못했다. 왕이 죽은 뒤 상속을 할 때마다 왕위를 둘러싼 다툼이 일어났고, 그러다 보니 나라가 여럿으로 쪼개지거나 힘이 약해지는 것을 피할 수 없었다. 마침 남북조로 분열되어 있던 중국이 수나라로 통일(589년)되면서 튀르크를 위협하기 시작했다. 수나라의 뒤를 이은 당나라 역시 동튀르크와 서튀르크를 계속 공격했다. 결국 동튀르크는 630년에 당나라 태종이 이끄는 대군의 침략을 받아, 왕은 당나라로 끌려가고 부족은 뿔뿔이 흩어져 버렸다. 서튀르크도 당나라 대군의 침략을 받아 651년에 멸망했다.

이후 튀르크족은 당나라의 지배를 받았다.

680년경, 튀르크 부족은 독립운동을 펼치기 시작했다. 특히 681년 동튀르크의 왕족인 쿠틀룩이 소규모의 집단을 이끌고 당나라에 대한 독립 투쟁에 나섰다. 동시에 쿠틀룩은 각 부족을 찾아다니며 설득했고, 결국 부족을 통합하는 데 성공했다. 이렇게 해서 빠른 속도로 세력을 키운 쿠틀룩은 682년, 마침내 튀르크 제국을 재건했다. 사람들은 그를 '일테리시 카간', 곧 '흩어진 부족을 모아 나라를 재건한 왕'이라 불렀다. 금으로 만들어진 늑대 머리 깃봉이 달린 왕의 깃발 아래하나가 된 튀르크족은 사방에 군대를 보내 영토를 넓혔다. 쿠틀룩의 뒤를 이은 카파간 카간(묵철) 때는 '사방에 군대를 보내 영토를 넓혔는데, 그 넓이가 만 리를 넘고 모든 오랑캐가 카파간 카간의 지배 아래 놓였다'고 자랑할 정도였다. 이들은 당나라를 여러 차례 공격해서 곤경에 빠뜨리기도 했다. 카파간 카간의 뒤를 이은 빌게 카간 때는 튀르크족 스스로의 역사를 기록한 오르혼 비석을 세우기도 했다.

이 시기에 늠름하고 패기 넘치는 튀르크족의 모습을 보고 당나라 시인 이백(李白)은 다음과 같은 기록을 남겼다.

변방에 사는 튀르크족이 말을 타고 질주하는 모습은 얼마나 훌륭하고 당당한가! 이들은 일생을 통틀어 책을 펼쳐 본 적도 없지만 사냥을 할 줄 알고 능숙하며 강인하고 용감하다. 가을에 말이 살찌는 것은 초원의 풀이 알맞기 때문이다……. 이들은 독한 술로 기운을 북돋우며 매를 불러 싸움 터로 말을 달린다. 힘껏 당긴 활은 결코 목표를 놓치는 법이 없다. 사람들은 그를 위해 길을 비켜 준다. 왜냐하면 그의 용맹과 호전적인 기상이 고비에서 유명하기 때문이다.

－이백,《행행차유렵편》(《유라시아 유목제국사》에서 재인용)

이백의 눈에 비친 튀르크족의 모습은 이토록 용맹하고 당당해 보였던 것이다.

탈라스 전투가 벌어지다

튀르크 제국의 세력을 과시했던 카파간 카간의 뒤를 이어 빌게 카간이 즉위했으나, 신하에게 독살당하면서 제국은 다시 분열되었다. 여러 작은 나라로 흩어진 튀르크인들은 이제 주변에 있는 강한 나라의 간섭을 받는 처지가 되었다.

당나라는 이 틈을 타서 대군을 중앙아시아로 파견해 동서 교역을 차지하려 했다. 이때 당군을 이끌고 원정에 나선 사람이 바로 고구려계의 고선지 장군이었다. 당군이 도착한 곳은 오늘날 우즈베키스탄의 수도 타슈켄트 부근으로, 이곳은 튀르크의 한 부족인 투툰이 다스리고 있었다. 투툰은 당나라에 충성을 맹세하고 적극적으로 협력했지만, 당군은 여러 구실을 붙여 그를 죽이고 재산마저 빼앗아 버렸다. 그러자 투툰의 아들은 주변의 튀르크 국가들과 이슬람 제국인 아바스 왕조®에 도움을 청했다.

"아버지는 당나라에 충성을 다했습니다. 하지만 그 결과는 죽음뿐이었습니다. 억울하게 죽은 아버지의 원수를 갚고 싶습니다. 저를 도와주십시오. 다른 튀르크 국가들도 우리와 별로 다르지 않을 것입니

● **아바스 왕조** | 바그다드를 중심으로 아라비아 반도, 인도의 북서부, 중앙아시아, 북부아프리카에 이르는 대제국을 건설한 이슬람 왕조.

지도 범례: 9세기 초 아바스 왕조의 영역

지도 안 지명: 푸아티에, 프랑크 왕국, 로마, 콘스탄티노플, 비잔티움 제국, 아테네, 흑해, 카스피해, 탈라스 전투(751), 타슈켄트, 사마르칸트, 그라나다, 튀니스, 지중해, 트리폴리, 알렉산드리아, 예루살렘, 다마스쿠스, 바그다드, 이스파한, 카이로, 바스라, 페르시아만, 인더스강, 아바스 왕조, 메디나, 메카, 아라비아 반도, 홍해, 아라비아 해

탈라스 전투 당나라와 튀르크-아바스 연합군 사이에 벌어진 탈라스 전투 이후 당나라는 더 이상 이 지역에 영향력을 가질 수 없었다. 튀르크족은 아바스 왕조의 지배를 받으면서 이슬람교를 믿기 시작했다.

다. 충성을 다해 봐야 언제 죽음을 당할지 모릅니다. 앉아서 당하느니 힘을 합쳐 당나라에 저항합시다."

당나라에 위협을 느끼던 다른 튀르크 국가들도 뜻을 같이해 하나로 뭉쳤다. 마침 아바스 왕조 역시 당나라의 진출을 막고 중앙아시아 지역으로 영향력을 넓히려던 참이었다. 이리하여 튀르크-아바스 연합군이 결성되었다.

마침내 751년 7월, 탈라스 강가에서 30만 명의 튀르크-아바스 연합군과 7만 명의 당군이 맞붙는 대전투가 벌어졌다. 전투는 5일 동안이나 계속되었다. 처음에는 팽팽한 접전을 벌였지만, 당나라에 거짓으로 합류한 튀르크 부족이 배신하고 당군을 습격하면서 전투는 튀르크-아바스 연합군의 승리로 끝났다. 당군은 참패했다. 이 전투에서 약 5만에 가까운 병사가 전사하고, 포로로 잡힌 병사만도 2만 명이 넘었다. 이때 포로로 끌려간 중국인 가운데 종이 만드는 기술자가 있어서 제지술이 이슬람 세계에 전파되었다고 한다.

고선지 장군은 간신히 살아남아 패잔병을 수습해서 당나라로 돌아갔다. 이제 중앙아시아 지역은 강력한 힘을 가진 아바스 왕조가 지배하게 되었고, 이슬람교가 널리 전파되었다.

탈라스 전투 이후 중국의 영향 아래 있던 동튀르크 여러 부족은 유목 민족의 전통을 유지하면서 불교를 믿다가 뒤에 몽골(원)의 지배를 받았다. 중앙아시아에 있던 서튀르크 여러 부족은 아바스 왕조의 지배 아래 이슬람교를 믿으며 유목과 농경 생활을 했다. 그러다 서튀르크족 가운데 일부가 서쪽으로 계속 이동을 해 오늘날의 터키 땅 일대까지 진출하면서 셀주크 튀르크와 오스만 제국을 세웠다. 이들이 바로 오늘날 터키인의 조상이다.

현대 터키에서
유목 민족의 흔적을 찾다

먼저 아나톨리아 고원으로 가 보자. 몽골 초원과 많이 닮았다는 느낌을 지울 수 없을 것이다. 지금도 콘야의 남서쪽 토로스 산맥 부근에 가면 적은 수이긴 하지만 낙타를 타고 산양을 기르며 이동 생활을 하는 유목민을 만날 수 있다. 튀르크족이 먼 거리를 이동해서 이곳에 자리 잡은 것이 우연이 아닌 것처럼 보인다.

이스탄불의 토프카프 궁전에도 가 보자. 오스만 제국의 화려한 궁전이 마치 우두머리를 중심으로 옹기종기 모여 있는 게르를 보는 듯하다. 수십 개의 방이 미로처럼 이어져 있는 궁전의 지붕을 내려다보면 평범한 돔 지붕, 낮은 돔 지붕, 삼각 지붕, 원반형 돔 지붕, 삿갓형 돔 지붕 등 다양한 모양으로 이루어진 지붕들이 연이어 있다. 질서도 없고 좌우 대칭의 반듯한 모습도 아니며 계획적으로 만든 것같이 보이지도 않지만, 아

게르와 토프카프 궁전의 지붕 오스만 제국의 대표적 궁전인 토프카프 궁전의 지붕 모습은 몽골 초원에서 유목 민족들이 살던 이동식 천막집인 게르의 모습과 닮아 있다.

메블라나 영묘 터키 최대의 이슬람 성지 콘야에 있는 메블라나의 무덤. 현재 메블라나 박물관이 된 이곳은 관광객의 발길이 끊이지 않고 있다.

름다움이 느껴진다. 모스크나 그랜드 바자르의 연이어진 지붕들도 마찬가지다. 마치 초원에 연이어 세워진 여러 개의 게르를 보는 느낌이 들 것이다.

또 술레이마니에 모스크나 메블라나 박물관에도 가 보자. 우상 숭배를 금하는 이슬람교를 믿는 터키인들이 성인이 묻힌 관 앞에서 경건하게 두 손을 모으고 기도하는 모습을 쉽게 볼 수 있다. 예로부터 튀르크족은 사람이 죽으면 말을 타고 고인의 천막 주변을 일곱 바퀴돈 다음에 천막 앞에 와서 슬피 울었다. 시신을 땅에 묻고는 흙으로 높게 덮은 뒤 주위에 돌을 쌓았다. 그리고 유명한 사람이 죽으면 그의 혼령을 보호신으로 삼아 제사를 지내고 복을 빌었다. 이런 관습은 셀주크 제국이나 오스만 제국으로 이어져 와, 유명한 이슬람 지도자나

튀르크어

나자르 본주

술탄(군주)이 죽으면 그의 시신을 모스크 안에 관이 드러나게 묻은 후에 성인으로 받들고 기도했다.

터키를 여행하다 보면 어디에서나 만날 수 있는 '나자르 본주' 역시 유목 민족의 전통이 물씬 풍기는 액세서리다. '나자르'는 '악마의 눈을 바라보는 것'을 의미하고, '본주'는 '구슬'을 뜻한다. 터키인들은 주위의 다른 악마들이 나자르 본주의 한가운데 갇힌 가장 힘센 악마의 눈을 보고 무서워서 도망가기 때문에 재앙과 화를 막아 준다고 믿는다. 현관이나 집 안 곳곳에 걸어 놓거나 목걸이 같은 장신구로 만들어 언제 어디서나 가까이 두고 행운의 상징으로 삼는다. 이슬람교를 믿는 무슬림에게는 낯설지만 유목 민족의 전통이 남아 있는 터키인에게는 너무나 익숙한 장면이다.

터키인이 사용하는 터키어도 마찬가지다. 1923년 터키 공화국을 수립할 당시 터키 땅에는 튀르크인 외에도 그리스인 등 많은 민족이 섞여 살고 있었다. 이때 "터키 땅에서 터키어를 사용하는 사람은 모두 터키인이고, 터키인이 전체 인구의 70퍼센트를 차지하는 지역만 터키 공화국의 영토로 한다"고 결정할 만큼 터키어는 현재의 터키와 터키인을 이야기할 때 빼놓을 수 없는 부분이다. 비록 튀르크 제국이 사라지면서 문자도 사라져 버려 유럽의 알파벳을 빌려서 터키 문자를 만들었지만 말이다.

Turkey

3장

터키 땅에 나라를 세운
셀주크 튀르크

중앙아시아 지역에서 유목 생활을 하던 튀르크족이 터키 땅인 아나톨리아 지역에 처음 등장한 것은 10세기 무렵이었다. 튀르크족 가운데 한 부족인 셀주크 튀르크는 셀주크와 토그릴이라는 걸출한 지도자의 주도 아래 비단길로 유명한 사마르칸트 부근에서 출발해 페르시아(이란), 시리아, 예루살렘, 아나톨리아 일대에 이르는 대제국을 건설했다. 하지만 셀주크 제국의 영토가 된 예루살렘을 되찾기 위해 유럽에서 십자군 원정단이 조직되면서 셀주크 제국과 유럽 사이에 충돌이 빚어졌다. 11세기 후반에는 더욱 많은 튀르크인들이 본격적으로 터키 땅으로 이동해 와서 정착하고 살았다. 이들은 셀주크 제국이 약화되는 시기에 룸 셀주크를 세우고 튀르크-이슬람 문화를 꽃피웠다.

960년   셀주크, 이슬람교 수용

1037년   셀주크 제국 건국

1071년   만지케르트(말라즈기르트) 전투

1077년   룸 셀주크 건국

1090년   셀주크 제국의 전성기

1096년   십자군 전쟁 시작(~1270)

1178년   미리오케팔론 전투

1243년   쾨세다그 전투

1215년   영국, 대헌장 제정

1206년   칭기즈칸, 몽골족 통일

907년   중국, 당 멸망

960년   중국, 송 건국

1192년   일본, 가마쿠라 막부 성립

987년   러시아, 그리스
정교로 개종

936년   고려, 후삼국 통일

1170년   무신 정변

1077년   카노사의 굴욕

1 | 셀주크 튀르크, 아나톨리아에 진출하다

셀주크, 또 다른 튀르크 제국을 세우다

우리나라에서 고려가 후삼국을 통일한 후 체제를 정비할 즈음인 960
년 무렵, 튀르크의 한 부족이 오늘날 중앙아시아 우즈베키스탄의 부
하라와 사마르칸트 부근으로 이주했다. 이곳은 일찍부터 비단길을 통
한 동서 교역의 중심지였다.

이때 부족을 이끈 사람은 셀주크 장군이었다. 훗날 서아시아 이슬
람 세계를 다시 통일하고 오늘날 터키 부근으로 이슬람교가 퍼져 나
가는 기초를 만들었던 셀주크 튀르크 제국은 이렇게 시작되었다.

셀주크 부족이 교역로를 따라 세력을 확장하자, 다른 튀르크계 부
족들도 잇따라 셀주크의 지휘 아래 몰려들었다. 셀주크의 손자 토그
릴이 즉위한 해인 1037년에 드디어 나라를 세웠고, 이후 대제국으로
발전했다.

토그릴은 1043년에는 이란의 대부분을 차지했으며, 1055년에는 이라크의 바그다드를 점령했다. 바그다드는 한때 중국까지 두려움에 떨게 만들고 수준 높은 이슬람 문화를 발전시켰던 아바스 왕조의 수도였다. 칼리프˙라 불리는 이슬람교 최고 지도자는 토그릴에게 이슬람 세계의 군주를 뜻하는 술탄의 지위를 부여했다. 술탄이 된 토그릴은 칼리프의 딸과 혼인했다. 그때까지 아랍인과 이란인, 이라크인이 이끌던 이슬람 세계의 새로운 지도자는 이제 튀르크족에서 나왔다.

셀주크 제국, 비잔티움 제국을 물리치다

토그릴이 죽은 뒤에도 셀주크 튀르크는 계속 영토를 넓혔다. '용감한 사자'라는 뜻을 가진 술탄 알프 아르슬란 때는 서아시아 대부분을 통일한 뒤 아나톨리아 반도까지 진출해 비잔티움 제국의 땅이었던 콘야를 위협하기에 이르렀다.

로마 제국의 계승자라는 자부심을 가지고 있던 비잔티움 제국의 황제 디오게네스는 동방의 이름 없는 유목 민족 군대가 제국을 공격하자 단단히 화가 났다.

"건방진 야만족 같으니라고! 감히 콘야까지 쳐들어오다니. 셀주크의 공격을 더 이상 두고 볼 수 없다. 당장 군대를 이끌고 가서 야만족

● **칼리프** | 무함마드의 계승자이자 이슬람교의 종교적 지도자로, 이슬람 세계에서 최고의 권위를 상징한다. '술탄'은 이슬람 세계의 군주로서 정치적 지도자이자 군대의 최고 통수권자이며, 최고 법관을 부르는 말이다.

11세기 셀주크 제국의 영토 1037년 토그릴 때 건국된 셀주크 제국은 오늘날의 우즈베키스탄 일대에서 출발해 이란, 이라크, 아나톨리아 반도 일대를 차지하는 등 서쪽으로 계속 영토를 확장했다. 1077년에는 아나톨리아 지역에 룸 셀주크가 세워졌다.

기도하는 토그릴 조각상

을 처부숴 버리자."

　마침내 1071년, 반 호수 부근의 만지케르트(말라즈기르트)에서 셀주크 제국과 비잔티움 제국 사이에 운명을 건 전투가 벌어졌다. 20만 명이나 되는 엄청난 군사를 이끌고 나타난 비잔티움 황제는 거만하게 말했다.

　"당장 사과하고, 지금까지 차지한 땅에서 모두 물러나라."

　이에 맞서야 하는 튀르크군은 겨우 5만 명. 예상보다 훨씬 많은 적군의 숫자에 군사들의 사기도 뚝 떨어졌다. 술탄 알프 아르슬란과 셀주크군은 고민 끝에 직접 맞서 싸우지 않고 매복해서 기다리다가 기습 공격을 하기로 결정했다.

8월 26일, 마침내 전투가 시작되었다. 비록 숫자는 적었지만 셀주크군은 날랜 말을 이용해 바람같이 움직였고, 이들의 기습 공격을 받은 비잔티움 군사들은 네 배나 되는 수적 우세에도 불구하고 낙엽처럼 쓰러졌다. 결국 셀주크군은 대승을 거두었고, 비잔티움 황제까지 사로잡았다.

그러나 전투가 끝난 뒤 술탄 알프 아르슬란은 비잔티움 황제를 풀어 주었다. 대신 그때까지 비잔티움 제국이 차지하고 있던 아나톨리아를 셀주크 제국의 영토로 삼고, 해마다 많은 공물을 바치게 했다. 아나톨리아에 살던 그리스인들도 이들을 환영했다. 비잔티움 황제의 가혹한 통치에 반대하는 사람들이 많았기 때문이다.

이제 아나톨리아는 튀르크족의 무대로 바뀌었다. 많은 튀르크인들이 아나톨리아로 이동해 와서 정착했고, 이슬람교도 점차 퍼져 나갔다. 셀주크 제국이 만지케르트 전투에서 승리함으로써 아나톨리아는 비잔티움 제국의 기독교 세력권에서 튀르크족이 지배하는 이슬람 세력권으로 넘어간 것이다.

2 | 튀르크족, 이슬람교를 믿다

이슬람교를 믿으면 인두세를 내지 않아도 된다

튀르크족이 처음으로 이슬람교를 접하고 믿기 시작한 것은 아나톨리아로 이동하기 훨씬 전인 8세기 무렵이었다. 이 무렵 튀르크족은 탈라스 전투 이후 중앙아시아의 여러 지역에 흩어져 살면서 아바스 왕조의 지배를 받고 있었다. 아바스 왕조는 땅을 새로 점령할 때마다 튀르크족이 사는 마을에 관리를 파견했다. 무슨 일인지 몰라 웅성거리며 모여 있는 마을 사람들을 향해 관리는 목청을 가다듬고 연설을 하기 시작했다.

"여러분, 알라를 믿으시오. 알라 앞에서는 모든 사람이 평등합니다. 예언자 무함마드를 믿으시오."

그러나 사람들은 관리가 무슨 말을 하는지 이해할 수가 없었다.

"알라가 누구야?"

"알라를 믿으면 우리한테 뭐 좋은 일이 생기나?"

"모든 사람이 알라 앞에서 평등하다니, 무슨 소리야?"

이 말을 들은 사람들은 오히려 두려웠다. 새로운 지배자가 지금보다 더 많은 세금을 거두고 더 혹독하게 수탈하려는 것은 아닌지, 터번을 두르고 쿠란(코란)을 손에 든 관리의 모습이 왠지 낯설게 느껴졌다. 관리는 쿠란을 높이 들고 다시 한번 목청껏 외쳤다.

"여러분, 이슬람교를 믿는 사람은 모두 형제입니다. 이슬람교를 믿으면 인두세(능력의 차이를 고려하지 않고 각 개인에게 똑같이 매기는 세금)를 받지 않습니다."

사람들은 또 웅성거렸다.

"정말인가? 이슬람교만 믿으면 그 무거운 인두세를 내지 않아도 된다고?"

"세금을 더 많이 걷는 것이 아니라 세금을 줄여 주겠다고? 정말이라면 난 당장 알라를 믿겠네."

"이보게, 그런데 저 사람이 말하는 알라가 누군가?"

"하나밖에 없는 유일신으로, 세상을 만든 분이라던데?"

"그러면 우리 조상들이 믿었던 탱그리(하늘신)와 같단 말인가?"

"정말인가? 그렇다면 난 탱그리를 믿듯이 알라를 믿겠네. 게다가 인두세를 안 내도 된다니 얼마나 좋아?"

"참, 우리 부족장들이 아바스 왕조의 높은 관직에 많이 올랐다는데, 그게 사실일까?"

"그렇다는군. 정말 이슬람교를 믿으면 아랍인이든 튀르크인이든 관계없이 높은 관직을 주나 봐."

당시 아바스 왕조는 이슬람교를 믿는 사람에게는 인두세를 받지 않을 뿐만 아니라, 튀르크족의 부족장들을 중요 관직에 쓰는 등 아랍인과 비아랍인을 차별하지 않고 평등하게 대우하는 정책을 펼쳤다. "모든 사람은 알라 앞에서 평등하다"는 이슬람교의 교리는 튀르크인들의 관심을 끌었다. 게다가 "오직 한 분뿐인 이 세상의 창조주 알라를 믿으라!"는 이슬람교의 교리는 튀르크인이 최고신으로 섬기던 하늘신(탱그리)과 크게 달라 보이지 않았기 때문에 쉽게 이슬람교를 받아들일 수 있었다. 이렇게 해서 많은 튀르크인들이 이슬람교를 믿게 되었다.

셀주크 제국의 창시자인 셀주크도 이슬람교로 개종했다. 술탄의 적극적인 후원에 힘입어 960년경에 이르면 20만 호, 약 100만 명의 튀르크인이 이슬람교를 믿었다. 이것이 오늘날의 터키, 우즈베키스탄, 투르크메니스탄, 아프가니스탄, 타지키스탄 등 튀르크족이 세운 많은 나라들이 이슬람 국가가 된 이유다.

달라진 생활과 마을 풍경

튀르크족이 이슬람교를 믿으면서 이들이 사는 마을의 모습도 달라졌다. 마을 중심에는 이슬람 사원인 모스크를 세웠다. 모스크는 사각형 몸체 위에 평화를 상징하는 둥근 지붕(돔)을 얹은 모양이며, 집단 예배를 보는 장소로 군사, 정치, 사회, 교육 따위의 공공 행사가 이곳에서 이루어졌다. 또 모스크의 귀퉁이에는 예배 시간을 알릴 미나레트(첨탑)도 세웠다. 미나레트는 하늘을 향해 치솟게 만들었는데, 중간 부분에는 발코니를, 내부에는 계단을 설치했다. 하루 다섯 번 아잔(예배를 드리러 오라고 외치는 아랍어 구절)을 외치는 무아진이 계단을 올라가 발코니로 나가서 마을 사람들에게 기도 시간을 알렸다. 예배당을 지키는 무아진의 아잔 소리가 울려 퍼지면 마을 사람들은 모두 하던 일을 멈추고 메카(이슬람교의 창시자인 무함마드가 태어난 곳으로, 이슬람 최고의 성지)를 향해 기도를 드렸다. 그리고 매주 금요일에는 모스크에 직접 모여서 기도를 올렸다.

모스크 내부는 우상 숭배를 금지하는 이슬람교의 원리에 따라 성화를 그리지 않고, 기하학적인 아라베스크 무늬를 넣은 타일을 붙여 벽을 아름답게 장식했다. 덕분에 모스크를 장식하는 타일과 바닥에 까는 카펫을 만드는 기술이 크게 발달했다.

모스크 주변에는 병원, 목욕탕, 묘당, 학교 등을 세웠다. 사람들은

이블리 미나레 37미터 높이의 첨탑 외벽에 빨간 벽돌로 만든 8열의 나선이 있어서 '이블리(나선형)'라 불리는 미나레는 현재 안탈랴에 있는 셀주크 튀르크 시대의 첨탑이다.

몸이 아프면 병원에 가고, 목욕탕에 모여서 이야기를 나누었으며, 지배자가 죽으면 묘당에 묻었다. 아이들은 학교에 나가 아랍어를 비롯한 여러 학문을 배웠다. 생활할 때 쓰는 튀르크어 외에도 이슬람교의 경전인 쿠란을 쓰고 읽기 위해 아랍어를 사용했으며, 페르시아어로 쓰인 문학 작품을 읽기도 했다. 바그다드에 세워진 오늘날의 대학과 같은 나자미야에서는 종교, 철학, 문학, 수학 등 다양한 학문을 연구했으며, 이후 메드레세(이슬람 신학교)로 발전해 이슬람 최고의 교육 기관이 되었다.

새로 술탄이 된 사람은 금요일 기도회에서 자신의 이름을 큰 소리로 말하게 했고, 이를 통해 주말마다 제국의 백성들이 자신들을 다스리는 술탄이 누구인지 알도록 했다. 또한 바그다드에 있는 칼리프로부터 예복과 터번을 선물로 받는 등 칼리프의 종교적인 권위를 빌려 권력을 강화했다.

3 | 셀주크 튀르크와 유럽,
십자군 전쟁으로 충돌하다

안티오크에 나타난 낯선 군사들

셀주크 튀르크는 1090년 무렵이 전성기였다. 알프 아르슬란의 뒤를 이은 말리크 샤 때는 이집트까지 정복해서 가장 넓은 영토를 통치하는 등 제국의 전성기를 맞았다. 동쪽으로 알타이 산맥에서 중앙아시아와 이란을 거쳐 아라비아 반도와 터키, 이집트에 이르는 넓고 넓은 영토를 차지했다. 이때부터 이란의 중심부에 있는 이스파한이 셀주크 튀르크의 수도가 되었다.

제국의 최고 통치자는 술탄이었다. 그러나 실제로는 술탄의 친척이 주요 지역을 나누어 다스렸고, 그러다 보니 술탄의 지위나 재산 상속을 둘러싼 내분이 자주 일어났다. 부모의 재산을 형제들에게 고루 나누어 주는 유목 민족의 전통 때문이었다. 3대 술탄이었던 말리크 샤도 상속을 둘러싼 내분 때문에 암살당했다.

내분이 겨우 수습되던 1097년, 셀주크 제국의 서쪽 시리아의 안티오크라는 도시에 낯선 군대가 나타났다. 십자가를 그린 깃발을 들고, 기독교의 성지인 예루살렘으로 가겠다며 나선 서유럽 군사들이었다. 이들은 비잔티움 황제의 요청을 받은 교황의 호소에 응해서 조직된 십자군이었다.

앞서 1071년에 만지케르트 전투에서 패배한 비잔티움 제국의 황제는 수도인 콘스탄티노플마저 공격당할지 모르는 지경에 이르자 결국 로마 교황에게 도움을 요청했다.

"야만족의 침략으로 기독교 세계가 무너지고 있소. 저들을 물리치고 동방의 기독교 문명을 지킬 수 있도록 해 주시오."

이 같은 요청을 받은 교황은 곰곰이 생각에 잠겼다. 그리고 자신에게는 참 좋은 기회라고 판단했다.

'내가 비록 교황이어도 비잔티움 제국에 있는 교회에까지 내 힘이 미치지는 못하지. 모든 교회를 교황청에 속하게 만들 수 있는 좋은 기회야. 성지인 예루살렘°을 이슬람교도에게서 되찾을 수 있다면 나로서는 엄청난 업적을 쌓는 것이기도 하지.'

1095년 11월 28일, 교황은 프랑스의 작은 마을 클레르몽페랑에서 성직자와 영주, 농민 등 수천 명의 사람들을 향해 호소했다.

"여러분! 지금 예루살렘이 셀주크의 지배 아래 신음하고 있습니다. 하나님의 성지이자 예수님의 묘가 있는 성스러운 곳이 이슬람교를 믿

● **예루살렘** | 기독교의 성지일 뿐 아니라 유대교, 이슬람교의 성지이기도 하다. 7세기 이후 이곳은 이슬람 세계의 영토가 되었지만, 여러 종교를 믿는 사람이 서로 배척하거나 싸우는 일은 없었고, 통치자들도 다른 종교를 인정했다.

는 이교도들에게 점령당했습니다. 그들은 무력으로 우리 기독교인들을 추방하고 약탈하며, 교회를 부수고 마을을 불태우고 있습니다. 이는 우리 기독교의 수치요, 불명예입니다. 우리 모두 예루살렘을 구합시다. 이교도로부터 성지를 되찾읍시다. 이 성스러운 전쟁에서 죽거나 다치는 사람들은 모두 천국에 가서 하나님께 보상을 받을 것입니다."

"성스러운 전쟁에 앞장섭시다."

"성지를 구하자."

"예루살렘에서 이슬람을 몰아내자."

많은 사람들이 환호성을 지르며 교황의 연설에 적극 호응했다.

클레르몽페랑에서 행한 교황의 호소는 날개가 달린 듯 순식간에 유럽 전 지역으로 퍼져 나갔고, 여러 나라에서 군사를 보내왔다. 물론 기독교 성지를 되찾으려는 신앙심이 뜨거운 사람도 많았다. 그러나 금은보화를 얻어 한몫 잡으려는 기사들, 7년 동안 계속된 흉년으로 굶주림에 지친 농민들, 동방으로까지 영토를 넓히려는 영주들이 각각 다른 목적을 가지고 붉은 천으로 만든 십자가를 가슴에 달고 십자군의 한 사람이 되어 성전의 길로 나섰다. 이로부터 약 200년간 여덟 차례에 걸쳐 십자군 전쟁(1096~1270년)이 일어났다.

비극의 안티오크와 예루살렘

교황의 호소로 조직된 제1차 십자군은 1096년에 각각 프랑스, 이탈리아, 서부 독일에서 출정했다. 이들은 콘스탄티노플에 집결한 후 튀르

십자군 원정로 → 제1차(1096~1099)
→ 제2차(1147~1149)
→ 제3차(1189~1192)
→ 제4차(1202~1204)
십자군 당시의 종교 분포
　　로마 가톨릭교
　　그리스 정교
　　이슬람교
　　12세기 기독교 재정복지

십자군의 이동 경로 교황의 호소로 약 200년 동안 모두 여덟 차례에 걸쳐 조직된 십자군은 제1차를 제외하고는 예루살렘을 차지하는 데 성공하지 못했다. 오히려 제4차 십자군 때는 같은 기독교 세계인 비잔티움을 약탈하는 등 원래의 의도를 벗어났고, 아나톨리아 반도는 십자군의 주요 이동 통로가 되어 여러 차례 피해를 입었다.

크족의 거주지인 아나톨리아 반도를 거쳐 안티오크에 도착했다.

이들 유럽 연합군을 맞은 안티오크는 1년 동안 목숨을 걸고 싸웠지만, 1098년 6월 마침내 함락되고 말았다. 십자군이 튀르크 군사를 매수해서 모두가 잠든 깊은 밤에 몰래 성문을 열었기 때문이다. 십자군은 집집마다 뒤져 기독교신도가 아닌 사람은 닥치는 대로 죽였고, 값나가는 물건을 마구 약탈했다. 그리고 살아남은 이들은 모두 노예로 팔아 버렸다. 성안은 시체가 산을 이루는 등 차마 눈 뜨고 볼 수 없는 피비린내 나는 참극이 신의 이름으로 벌어졌다.

안티오크를 함락시킨 십자군은 내처 예루살렘을 향해 남쪽으로 진군했다. 마침내 십자군이 예루살렘에 도착했을 때, 그곳을 방어하는 튀르크 군사는 겨우 1000여 명에 불과했다. 상대는 안티오크를 함락시키고 기세등등해진 수만 명의 대군이었다. 그러나 예루살렘은 이슬람교의 성지이기도 했기에, 성지를 지키려는 이슬람교도들의 저항도 매우 거셌다.

전투는 무려 6주나 계속되었다. 하지만 십자군의 공격을 끝내 막을 수는 없었다. 예루살렘은 함락되고, 또다시 참극이 벌어졌다. 예루살렘의 거리와 광장에는 사람의 머리와 팔다리가 산더미처럼 쌓였다. 신전의 벽은 피로 물들었고, 병사들의 발목까지 피가 차올랐다. 하지만 십자군은 이를 신의 심판이자 영광으로 여겼다.

그러나 얼마 지나지 않아 셀주크 제국 이집트 왕조의 왕인 살라딘(사라흐 알딘)이 십자군을 격파하고 예루살렘을 다시 빼앗았다. 살라딘은 예루살렘을 되찾은 뒤 살육과 파괴를 철저히 금했다. 제1차 십자군이 예루살렘에서 저지른 학살이나 약탈과는 너무나 대조적이었다.

이후 교황과 유럽의 영주들이 여러 차례 십자군을 조직했지만, 더 이상 예루살렘을 탈환하지는 못했다. 약 200년에 걸친 십자군 전쟁 과정에서 아나톨리아 지역은 십자군의 이동 통로가 되었고, 튀르크인의 주요 도시들은 여러 차례 십자군에게 약탈당하는 수모를 겪었다.

4 룸 셀주크, 아나톨리아에 세워진 첫 번째 튀르크 국가

룸 셀주크, 다시 비잔티움 제국을 물리치다

셀주크 튀르크 제국이 한창 발전하고 있을 무렵인 1077년, 셀주크 튀르크 부족 가운데 한 분파가 오늘날의 터키 지역에 룸 셀주크를 세웠다. 룸은 '로마' 또는 '로마 사람'을 뜻하는데, 옛 로마 지역에 세워진 튀르크 국가라 해서 룸 셀주크라 불린 것이다. 오래전부터 서쪽으로 이동해 와 터키 땅에 살고 있던 이들은 셀주크 튀르크 제국과 비잔티움 제국 사이에 자리를 잡고 나라를 세운 뒤 니케아(이즈니크)를 수도로 삼았다. 이후 룸 셀주크는 아나톨리아의 고원 지대에 있는 콘야로 수도를 옮겼고, 1147년 독일과 프랑스인들을 중심으로 조직된 제2차 십자군이 침략해 왔을 때 이들을 물리치고 아나톨리아의 주인이 되었다. 이즈음부터 아나톨리아는 튀르크족의 땅이라는 뜻에서 '투르키아'로 불리기 시작했다. 룸 셀주크는 영토를 넓혀 서쪽 바다인 마르마라 해까지 진출했다.

룸 셀주크가 강성해지자 비잔티움 제국의 황제는 또다시 위기의식을 느꼈다.

'저들이 바닷가로 진출한다? 생각만 해도 끔찍한 일이군. 우리가 지중해로 나갈 수도 없고, 저들이 바다를 통해 내가 있는 콘스탄티노플을 공격할 수도 있겠지.'

1176년 비잔티움 황제는 군사를 최대한 끌어모아 먼저 룸 셀주크를 공격했다. 이번에도 군대의 숫자는 비잔티움 제국이 훨씬 많았다. 하지만 승리한 쪽은 룸 셀주크였다. 100년 전에 있었던 만지케르트 전투와 똑같이 룸 셀주크는 그들이 가장 잘하는 방식으로 전투를 준비했고, 비잔티움은 귀신에 홀리기라도 한 듯 100년 전의 실수를 또다시 반복했다.

비잔티움의 10만 대군은 넓은 평원에 진을 쳤다. 이때 룸 셀주크의 군사들은 정면에서 공격하지 않고 상대를 화나게 해 움직이게 만들었다. 상대가 공격하면 맞서 싸우다 순식간에 달아나고, 상대가 멈추면 다시 싸움을 걸었다. 룸 셀주크군은 싸우고 달아나기를 거듭하면서, 평원에서 전면전을 벌이려던 비잔티움 군사를 미리오케팔론 계곡으로 유인하는 데 성공했다.

적군이 좁은 계곡을 따라 길게 행렬을 이루자, 기다리던 룸 셀주크군은 술탄의 지휘에 따라 일사불란하게 공격했다. 좁은 계곡 안은 화살과 창에 맞아 죽거나 상처 입은 비잔티움 병사들의 신음 소리로 가득 찬, 그야말로 아비규환이었다.

두 나라의 운명을 가른 전투는 룸 셀주크의 대승으로 끝났다. 이때부터 룸 셀주크는 아나톨리아를 완전히 지배했다. 바다를 통해 지중해나 흑해로 나갈 수 있는 통로도 마련했다. 그러나 패배한 비잔티움 제국은 아나톨리아에서 완전히 쫓겨나 콘스탄티노플 주변으로 영토가 줄어들었다. 비잔티움 제국은 더 이상 로마 제국의 옛 영광을 노래할 수 없는 처지가 되었다.

동서 무역을 중계하다

셀주크 제국과 룸 셀주크 시대에 아나톨리아는 기독교 세계와 이슬람 세계가 만나는 곳이었다. 셀주크 제국과 룸 셀주크는 이슬람과 기독교 세계, 동양과 서양을 연결하는 무역을 중계하면서 큰 이익을 얻었다. 동서양의 많은 대상●들이 셀주크 제국과 룸 셀주크가 보호하는 무역로를 따라 서로 교류했다. 이탈리아의 상인들이 가져온 유리병이 중국으로 가고, 중국의 비단이 유럽의 귀족들에게 큰 인기를 얻었다. 무역로를 따라 상인들이 묵을 수 있는 카라반사라이(대상 숙소)가 들어섰으며, 숙소에는 상인들을 위한 기도소와 목욕탕, 말과 낙타를 위한 우리도 준비되어 있었다.

　콘야 부근의 카라반사라이에도 세계 각국에서 온 대상들이 머물렀다.
　"어디서 오는 길이오?"
　이탈리아의 상인이 머리에 터번을 쓴 이슬람 상인에게 물었다.

●　**대상** | 사막이나 초원같이 교통이 발달하지 않은 곳에서 낙타나 말에 짐을 싣고 떼를 지어 먼 곳으로 다니면서 특산물을 맞바꾸는 상인의 집단. 카라반.

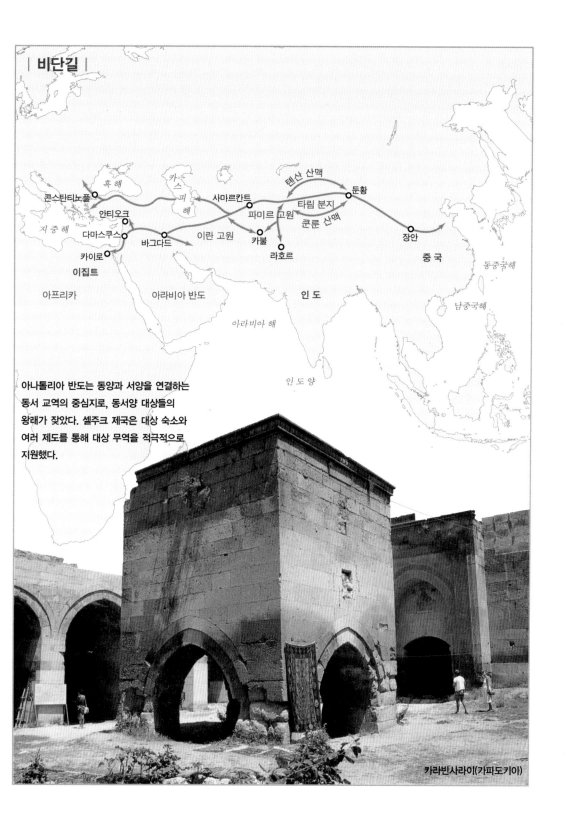

| 비단길 |

흑해
콘스탄티노플
안티오크
지중해
다마스쿠스
카이로
이집트
바그다드
아프리카
아라비아 반도

카스피해

사마르칸트
이란 고원
카불
라호르

텐산 산맥
타림 분지
쿤룬 산맥
파미르 고원

둔황

장안
중국

인도
아라비아 해

동중국해

남중국해

인도양

아나톨리아 반도는 동양과 서양을 연결하는
동서 교역의 중심지로, 동서양 대상들의
왕래가 잦았다. 셀주크 제국은 대상 숙소와
여러 제도를 통해 대상 무역을 적극적으로
지원했다.

카라반사라이(카파도키아)

"우리는 중국에서 오는 길입니다만, 3개월 전에 중국을 출발해서 사막을 가로지르는 긴 여정을 거쳐 지금에야 겨우 도착했소."

"우린 유리병, 모직물 등을 싣고 이탈리아에서 출발했소. 인도나 중국으로 가야 많은 돈을 벌 수 있을 텐데, 오는 길은 안전하던가요?"

"전에는 곳곳에서 해적이나 도적들이 나타나 물건을 빼앗아 가기도 했잖소? 그런데 술탄의 보살핌 덕분에 이제 큰 어려움은 없소. 오는 길 곳곳에 우리를 위한 숙소가 만들어져서 3일 정도는 공짜로 맘 편히 쉴 수 있었소. 숙소에 머무는 동안 상품들은 정부가 만든 창고에 보관해 주고, 순찰대가 철저히 감시해 주었소. 정말 안심하고 편안하게 이 곳까지 왔소."

"지난번에 대상 한 무리가 반 호수 부근에서 도적들에게 물건을 빼앗겼을 때, 술탄 정부가 빼앗긴 물건만큼의 돈을 보조해 준 덕분에 낭패를 면했다지요?"

"그러게 말이오. 그런 보험 제도가 있으니 안심이오. 게다가 큰돈을 가지고 다니면 항상 도적에게 빼앗길까 염려되었는데, 술탄 정부가 보증해 주어 수표를 사용할 수 있으니 참 다행이오."

이렇듯 셀주크 제국과 룸 셀주크는 대상들이 안심하고 무역을 할 수 있도록 많은 편의를 제공해 주었다. 상업이 발달하면서 룸 셀주크도 더욱 발전했다. 아나톨리아에서 기른 염소 털은 질 좋은 모직물 원료로 유럽 곳곳에 팔려 나갔다. 오늘날 질 좋은 모직물을 가리키는 '앙고라'는 당시 룸 셀주크의 앙카라 지방에서 수출된 염소 털에서 유래한 말이다. 오늘날 터키의 중요한 공산품인 카펫의 생산과 수출이 본격화된 것도 이때였다. 여러 지역에서 같은 제품을 생산하는 사람들끼리 동업 조합을 만들었고, 인구 10만이 넘는 대도시도 여러 개 있었다.

세마 춤과 이슬람교의 확산

룸 셀주크 시대에 콘야에서는 메블라나가 만든 춤이 널리 유행했다. 메블라나가 활동할 당시인 13세기에 대부분의 사람들은 아랍어로 쓰인 쿠란을 읽을 수 없었다. 그러자 그는 글을 모르는 사람들에게 어떻게 이슬람교를 전파할 수 있을까 고민하다가 세마 춤을 만들었다.

메블라나는 사람들을 모아 놓고 "여러분, 중요한 것은 쿠란의 내용이 아니라 신을 체험하는 것입니다. 쿠란을 읽거나 그 뜻을 배우지 않아도 신의 뜻을 알 수 있습니다"라고 연설했다. 그러고는 세마 춤을 추어 무아지경에 빠지는 순간 신과 하나가 될 수 있음을 보여 주었다.

신에 대한 그리움을 담은 '네이(터키 피리)' 소리가 울려 퍼지면서 세마 춤을 추는 사람인 '세마젠'들이 등장하면 웅성거리던 모스크 안은 조용하고 경건한 분위기로 변했다. 세마젠들은 수의를 뜻하는 흰색의 긴 치마와 저고리 위에 무덤을 상징하는 검은 망토를 입고, 묘비를 의미하는 갈색이나 흰색 모자를 썼다. 세마젠들은 먼저 머리에 터번을 쓴 '세이히(지도자)'의 손에 키스를 한 뒤에 춤을 추기 시작했다. 그리고 무덤에서 나온다는 의미로 망토를 벗은 후 고개를 살짝 오른쪽으로 숙이고, 왼발을 축으로 오른발을 회전시키면서 천천히 돌았다. 오른손은 위로, 왼손은 아래로 향해 뻗었는데, 오른손은 신과 만나고 왼손은 사람과 만나는 것을 상징했다. 신으로부터 받은 축복을 세상 사람들에게 널리 전한다는 뜻을 담았다. 세마젠들은 점점 더 빨

콘야의 메블라나 사원 철학자이자 시인이었던 메블라나 루미(Mevelana Jelaleddin Alromi, 1207~1273)가 창시한 이슬람 수피즘의 한 교파인 메블라나 교단에서 사용했던 사원으로, 푸른 원추형의 탑이 아름답다. 현재는 박물관으로 이용되고 있다.

세마 춤 세마젠들이 세마 춤을 추고 있는 모습이다.

리 돌기 시작해 30여 분을 엄청나게 빠른 속도로 계속 돌았다. 무아지경에 빠진 듯한 표정으로 돌기를 계속하던 세마젠들은 음악이 끝남과 동시에 정면을 향해 반듯하게 멈춰 섰다. 불가능해 보이는 일이지만, 신과 인간이 하나가 되었기에 가능했다.

세마 춤은 자유분방한 유목 민족의 기질을 가진 튀르크족에게 잘 어울렸다. 게다가 메블라나는 이슬람교를 중요하게 여기면서도 사람들이 이전부터 가져온 종교나 관습을 존중했기 때문에 세마 춤과 이슬람교는 빠르게 퍼져 나갔다. 세마 춤은 이슬람교를 민중에게 전파하는 데 많은 역할을 했다.

몽골의 침입과 룸 셀주크의 쇠퇴

룸 셀주크의 전성기는 1230년 무렵이었다. 그러나 바로 그때, 동방에서 예상하지 못한 강력한 적이 나타났다. 그 옛날 튀르크 제국의 발상지였던 몽골 초원에서 칭기즈칸이 세운 몽골 제국이 서아시아를 거쳐 아나톨리아에까지 밀려든 것이다. 몽골의 기마병들은 놀라운 속도와 우수한 무기로 여러 지역을 정복하면서 풀 한 포기, 쥐 한 마리도 남기지 않고 집과 가축과 곡식들을 불태우며 초토화시켰다. 사람을 잡아서 죽인 뒤에 머리로 탑을 쌓기도 했다. 몽골군의 진격 소식을 들은 룸 셀주크는 공포에 휩싸였다.

술탄 케이후스라브 2세는 고민에 빠졌다.

'몽골군이 콘야로 쳐들어오기 전에 막아야겠다. 우리가 군대의 숫자도 많고 기동성도 있으니까 충분히 해볼 만하다. 몽골군이 도시를

파괴하고 사람들을 죽이는 걸 더 이상 두고 볼 순 없지.'

술탄은 8만여 명의 셀주크 병사를 이끌고 시바스로 향했다.

1243년, 시바스 동부의 쾨세다그 평원은 전운에 휩싸였다.

수적으로 훨씬 우세한 룸 셀주크군과 적은 숫자지만 엄청난 파괴력을 가진 몽골군의 대립은 팽팽할 것 같았는데, 의외로 너무 쉽게 룸 셀주크군의 패배로 끝나 버렸다. 패인은 간단했다. 그동안 튀르크족은 전통적인 척후-유인-매복-기습 전략을 이용해 많은 전투에서 승리를 거두었다. 먼저 척후병을 보내 적의 정보를 캐고, 주력 부대는 지형 조건을 이용해서 몰래 숨어 있다가 적을 꾀어내 갑자기 공격하는 전략을 폈던 것이다. 이런 작전으로 비잔티움과 벌인 두 번의 전투, 곧 만지케르트 전투와 미리오케팔론 전투에서 승리를 거두기도 했다. 그런데 술탄은 어찌된 일인지 이런 전략을 버리고 쾨세다그 평원에서 몽골군과 대결했고, 그 결과 룸 셀주크군의 참패로 끝났다. 전투에서 패한 술탄의 군대는 몽골군 몰래 쾨세다그 평원에서 철수했다. 몽골군은 더 이상 거칠 것 없이 곳곳에서 파괴와 약탈과 학살을 일삼으며 도시들을 초토화시켰다. 결국 술탄은 몽골군과 강화 조약을 맺어 몽골의 통치권을 인정하고, 막대한 양의 공물을 바치기로 약속했다. 이로써 룸 셀주크는 사실상 몽골에 복속되었다.

이후 룸 셀주크의 왕조는 1308년까지 이어졌으나 술탄의 권위는 땅에 떨어졌고, 각 지역의 튀르크족은 점차 떨어져 나가 곳곳에서 크고 작은 나라를 세웠다. 이렇게 세워진 수많은 나라 가운데 하나가 오스만이 세운 오스만 공국이었다.

● 콘야

'양의 가슴'이라는 뜻
을 가진 콘야는 아나톨
리아 고원 중앙에 있으
며, 터키의 10대 도시
가운데 하나다. 끝이 보

이지 않는 광활한 평야에서 생산되는 밀은 터키 전체 국민의 1년
양식이 되고도 남을 정도다. 자두와 살구 등도 풍부하다.

바울이 기독교를 전도할 때 머물렀던 곳이며, 성서에서는 콘야
를 옛 이름인 '이고니온'으로 부른다.

콘야는 1134년 룸 셀주크의 술탄이 수도를 니케아에서 이곳으로
옮긴 후에 크게 발달했다. 수많은 예술가와 건축가, 과학자들이
몰려들었고, 학교와 병원, 모스크 등이 세워졌다. 현재 콘야에
남아 있는 유적 대부분이 이 시기에 세워진 것이다.

또한 콘야는 메블라나 교단의 발상지로 널리 알려져 있다. 현재
메블라나 박물관이 된 메블라나 사원에는 메블라나의 소지품,
신비스런 악기, 손으로 만든 양탄자(카펫), 비문, 문서, 예술품 들
이 진열되어 있어 터키의 신비주의 이슬람 문화를 접할 수 있다.
전통을 간직한 도시답게 히잡을 쓴 터키 여성들을 많이 볼 수 있
으며, 해마다 12월이면 메블라나 축제가 열린다.

이슬람교를 믿는
무함마드 케말의 하루

　무함마드 케말은 아침에 눈을 뜨자마자 카펫이 깔린 바닥에 무릎을 꿇고 메카 방향을 향해 기도를 한다. 그러면서 '안 라 일라하 일랄라, 안나 무함마드 라술룰라'를 나지막이 읊조린다. 이는 '알라 외에는 신이 없고 무함마드는 알라의 사제다'라는 뜻으로, 무슬림(이슬람교도)이라면 매일 해야 하는 신앙 고백이다. 하루 다섯 번 기도를 드리고, 일주일에 한 번 금요일에는 직접 모스크를 찾는다. 지금은 라마단˚ 기간이라 해가 뜨기 전에 아침을 간단히 먹고 나면 해가 지고서야 저녁을 먹을 수 있다. 해가 떠 있는 긴 낮 동안 배가 고프긴 하지만, 이슬람교의 창시자 무함마드의 고행을 생각하며 꾹 참는다.

　한창 크는 나이인 무함마드와 누나는 물론 많은 사람들이 한 달 동안 금식을 해야 하지만, 아무도 불평을 하거나 어기는 일은 없다. 터키 국민의 99퍼센트는 무함마드와 같은 무슬림이기 때문이다.

　물론 터키의 국교는 이슬람교가 아니고, 국민에게는 신앙의 자유가 있다. 터키 공화국을 수립한 무스타파 케말이 헌법을 통해 정치와 종교를 분리하고, 종교의 자유를 허용했기 때문이다. 따라서 학교 등 공공장소에서 히잡(이슬람교를 믿는 여성들이 외출할 때 머리에 쓰는 스카프의 일종)을 쓰는 일과 같이 무슬림을 나타내는 행위는 금지된다. 무함

● **라마단** | 이슬람력의 아홉 번째 달로, 이 기간 동안은 신에 대한 감사와 속죄를 위해 해가 뜰 때부터 해가 질 때까지 식사, 흡연, 음주 따위를 금한다.

성지 순례 무슬림의 다섯 가지 의무 가운데 하나인 성지 순례를 위해 예언자 무함마드가 태어난 사우디아라비아의 메카를 찾은 무슬림들이 카바 신전 주위를 돌고 있다. 이슬람 최대 행사인 성지 순례일은 이슬람력의 마지막 달인 '순례의 달(12월)' 8일부터 12일까지다.

마드의 누나는 학교에 갈 때는 히잡을 쓰지 않지만, 알록달록한 색깔의 히잡을 여러 개 마련해 놓고 외출할 때 멋을 내기도 한다. 서구식 양복을 입은 사람들과 히잡을 쓰거나 무슬림 전통 옷차림을 한 사람들이 이스탄불의 중심가인 탁심 광장을 뒤섞여 거니는 모습은 너무나 자연스럽다.

터키인들은 매일 기도를 빠뜨리지 않고, 메카 순례를 염원한다. 모스크(터키어로 '자미'라고 부름)는 터키 전국에 6만 7000여 개가 있고, 이스탄불에만 3000여 개가 있다. 아무리 작은 마을이라도 반드시 모스크가 있어 언제든지 찾아가서 기도를 드릴 수 있다. 흔히 블루모스크라고 불리는 세계적으로 유명한 '술탄 아흐메트 모스크'에서 관광을 즐기는 외국인들 사이로 경건하게 기도하는 무슬림을 보는 것은 그다지 어렵지 않다.

모스크에서 예배를 드리는 사람들

　셰케르 바이람*과 쿠르반 바이람*이 터키의 공휴일로 지정되어 있을 만큼, 이슬람교의 교리와 관습은 터키인의 일상생활에 뿌리 깊이 자리 잡고 있다. 또한 터키 국민의 99퍼센트가 쿠란(무함마드가 받은 신의 계시를 기록한 경전)과 하디스(무함마드의 언행을 기록한 글)에 근거한 생활을 하고 있다.

　터키인들은 무슬림으로서 평생 동안 신앙 고백, 기도, 단식, 희사, 메카 순례라는 다섯 가지 의무를 실천해야 한다. 무슬림은 아침에 해 뜨기 전 잠자리에서 일어난 후, 정오를 넘긴 낮, 오후, 해가 질 무렵, 잠자리에 들기 전, 이렇게 모두 다섯 번 기도를 한다. 금요일에

● **셰케르 바이람** | 라마단 기간이 끝나는 날부터 3일 동안 단 음식을 나누며 친척들과의 우정을 도모하는, 우리나라의 추석 같은 명절. 금식 중의 영양 부족을 보충하기 위해 단 음식을 먹는 관습에서 비롯되었다.
● **쿠르반 바이람** | 이슬람력으로 12월 10일부터 4일간 이어지는 희생제로, 아브라함이 신에게 복종하는 것을 증명하기 위해 아들 이삭을 제물로 바친 것을 기념하는 날. 여유가 있는 가정에서는 양 등 제단에 바쳤던 가축의 고기를 가난한 사람들에게 나누어 주기도 한다.

라마단 축제

는 모스크에 모여 예배를 보는데, 먼저 모스크 입구의 '우즈야(우물)'에서 손, 입안, 콧속, 얼굴, 팔, 머리, 발을 닦는 '우두'라는 의식을 행한다. 우두를 하고는 모스크 안으로 들어가 메카의 방향(키블라)을 가리키는 홈 '미흐라브'를 향해 기도를 한다. 똑바로 선 채로 두 팔을 배꼽 위에 포개고 쿠란의 기도문을 외운 다음, 바닥에 엎드려 이마와 코가 땅에 닿도록 절을 하며 기도한다.

해마다 200만 명이 넘는 무슬림이 메카 순례에 참여한다. 순례에 참가한 사람들은 검은 천으로 둘러싸인 카바 신전을 일곱 번 돌고, 카바 동쪽에 있는 '마르와' 동산과 '사파' 동산을 일곱 번 왕복함으로써 영혼을 깨끗이 한다. 이렇게 메카 순례를 마친 사람들을 '하지'라고 부르며 존경한다.

4장

비잔티움 제국을 무너뜨린
오스만 제국

몽골의 침략으로 룸 셀주크의 세력이 약화된 사이, 룸 셀주크와 비잔티움 제국 사이에 있던 작은 부족이 부족장 오스만을 중심으로 1299년 오스만 공국을 건국했다. 이후 오스만의 뒤를 이은 술탄들이 끊임없이 비잔티움 제국을 침략하고 동서로 영토를 넓히면서 제국으로 발전했다. 제7대 술탄 메흐메트 2세는 콘스탄티노플을 함락시키고 비잔티움 제국을 무너뜨렸다. 이로써 1000여 년의 역사를 가진 기독교 세계의 정신적 지주였던 비잔티움 제국은 역사 속으로 사라지고, 이슬람교를 믿는 오스만 제국의 시대가 활짝 열렸다.

1299년   오스만 국가 건설
1326년   오르한 1세, 부르사를 점령해 수도로 정하고 발칸 반도로 진출
1369년   무라드 1세, 아드리아노플(에디르네) 점령, 수도로 삼음
            예니체리(신식 군대) 창설. 술탄의 칭호 사용
1402년   바예지드 1세, 앙카라 전투에서 티무르에게 패배
1453년   메흐메트 2세, 콘스탄티노플 점령. 비잔티움 제국 멸망

1337년   영국과 프랑스, 백년 전쟁(~1453)

1428년   중앙아메리카의 아스텍
            문명, 중앙멕시코 지배

1271년   원 제국 성립
1368년   중국, 명 건국

1336년   일본, 남북조 시대 시작
1392년   일본, 남북조 통일

1392년   고려 멸망, 조선 건국
1446년   훈민정음 반포

1369년   중앙아시아에 티무르 제국 성립

1440년경   남아메리카의 잉카, 안데스 지역 정벌로 제국 성립

1 | 오스만 공국이 건국되다

오스만, 나라를 세우다

우리나라가 몽골의 지배를 받고 있을 무렵인 13세기 말, 룸 셀주크의 수도인 콘야와 비잔티움 제국의 수도인 콘스탄티노플의 중간쯤에 용맹한 튀르크 부족이 살고 있었다. 일찍부터 비잔티움 제국과 싸우며 용맹을 떨쳐 '튀르크인의 전사'라 불리던 부족이었다.

부족장 이름은 오스만, 약 4만 천막 정도의 부족을 거느리고 있었다. 한 천막에 2~5명의 소가족이 거주했으므로, 총 인원은 8만~20만 명 정도였다.

그가 부족장이 되었을 때 많은 사람들이 '23세의 젊은이가 우리 부족을 잘 이끌 수 있을까' 걱정했다. 그러자 그는 이런 염려를 비웃기라도 하듯이 대담하게 '나를 젊다고 걱정하는 사람들에게 나의 본모습을 보여 주겠다'고 다짐했다. 그러고는 자신이 가진 뛰어난 군사적

야영하는 오스만 1세 전쟁을 하는 도중에 천막을 치고 야영을 하는 오스만과 식사를 준비하는 시종들의 모습이 보인다.

재능을 이용해서 유목 민족의 기동력을 잘 활용하는 전략을 펼쳐 순식간에 이웃 튀르크 부족을 통합해 나갔다.

마침내 1299년, 그는 나라를 세우고 자신의 이름을 따서 나라 이름을 오스만이라고 했다. 1923년 터키 공화국이 세워질 때까지 동지중해를 장악하고 유럽과 서아시아를 호령했던 600여 년 역사의 오스만 제국은 이렇게 시작되었다.

오스만 공국은 비잔티움 제국과 가까운 곳에 있었다. 이슬람교를 믿는 오스만 전사들은 자기들 앞에 있는 이 커다란 기독교 국가에 이슬람교를 전파하겠다는 종교적인 열정을 불태웠다. 그들은 스스로를 '알라의 도구이며, 세상을 깨끗하게 하는 신의 종이자 신의 칼'인 '가지(신성한 이슬람 전사)'라고 생각했다. 물론 비잔티움 제국을 정복함으로써 포로나 식량, 보물 등을 차지할 수 있을 것이라는 기대감도 무시할 수 없을 만큼 컸다. 오스만과 그 자손들은 이제 본격적으로 서방의 기독교 세계를 향해 세력을 뻗어 나갔다.

동서로 영토를 확장하다

오스만 공국은 마치 시계추처럼 왔다 갔다 하면서 동서로 영토를 확장했다. 서쪽으로는 비잔티움 제국의 영토인 발칸 반도를 공격했고, 동쪽과 남쪽으로는 아나톨리아에 있던 다른 튀르크 국가를 정복했다.

　오스만의 아들 오르한(재위 1324~1360년)은 비잔티움 제국을 공격해서 부르사를 차지한 뒤 새 수도로 삼았다. 이후 부르사에 모스크와 메드레세, 병원, 목욕탕, 대상 숙소 등을 세워 새로운 수도로서의 위엄을 과시했다. 또한 니케아(이즈니크)와 니코메디아(이즈미트)를 정복해서 마르마라 해를 손에 넣었고, 다르다넬스 해협을 건너 갈리폴리(겔리볼루)를 차지함으로써 유럽으로 진출하는 발판을 마련했다. 훗날 터키 공화국의 수도가 된 앙카라도 차지했다.

　오르한의 뒤를 이은 무라드 1세(재위 1360~1389년)는 정예 부대인 예니체리를 만들었으며, 유럽 지역의 아드리아노플(에디르네)로 수도를 옮긴 후 본격적으로 유럽 정복에 나섰다. 그 결과 불가리아를 점령하고 세르비아 동맹군을 물리치는 등 발칸 반도에 있는 비잔티움 제국의 영토 대부분을 빼앗았다. 이로써 비잔티움 제국은 콘스탄티노플과 그 인근 지역으로 영토가 줄어들면서 유럽 지역과 단절되고 고립되었다.

오스트리아

몰다비아

헝가리

크림 한국

세르비아

왈라키아

니코폴리스

아드리아노플

콘스탄티노플(비잔티움)

흑 해

로마

나폴리

살로니카

카 스 피

트라브존

아르메니아

나폴리 왕국

앙카라 전투 앙카라

시바스

타브리즈

시칠리아 왕국

아테네

오스만 제국

콘야

알레포

크레타 섬

키프로스

시리아

다마스쿠스

바그다드

지 중 해

예루살렘

알렉산드리아

카이로

아라비아 반도

홍 해

1300년 무렵 오스만 국가 영토
오스만의 정복지
오르한의 정복지
무라드 1세의 정복지
바예지드 1세의 정복지
메흐메트 2세가 획득한 영토(1451~1481)

오스만 제국의 영토 확장 오스만 제국은 앙카라 전투
에서 바예지드 1세가 패배한 후 심각한 위기를 맞기도
했지만, 결국 메흐메트 2세가 콘스탄티노플을 함락시
키고 비잔티움 제국을 무너뜨리는 등 영토를 크게 확
장했다.

    하지만 유럽은 비잔티움 제국이 오스만 공국의 공격을 받을 때 전
혀 도움을 주지 못했으며, 오히려 오스만의 공격을 받을까 두려워하
기까지 했다. 당시 유럽은 십자군 전쟁 이후 교황권이 약화되면서 왕
권이 강화되고 도시와 상업이 발달하기 시작했으나, 아직 강력한 왕
권을 가진 통일 국가가 출현하지는 못했다. 또한 흑사병이 유럽을 휩

쓸면서 인구가 크게 감소하고, 영국과 프랑스 사이에 백년 전쟁이 벌어지는 등 혼란스러운 시기였기 때문이다.

발칸 반도를 차지한 무라드 1세는 확장된 영토에 세금을 매기고 병사를 동원했으며, 포로나 유목 민족들을 정착시켜 농사를 짓게 했다.

"사람들이 고향에 그대로 살면 반란을 일으킬 수도 있다. 원래 살던 지역과 반대되는 곳으로 옮겨서 살게 하라. 그리고 포로로 잡힌 기독교인 중에 우수한 자는 이슬람교로 개종시키고 군사로 쓰도록 하라."

이렇게 아시아인들이 유럽으로, 유럽인들이 아시아로 강제로 생활 터전을 옮기면서, 나라 안에는 튀르크인과 그리스인, 불가리아인, 세르비아인 등 다양한 언어와 종교를 가진 민족이 뒤섞여 살기 시작했다.

무라드 1세의 뒤를 이은 바예지드 1세(재위 1389~1402년)는 군대를 이끌고 동쪽과 서쪽을 번개처럼 오갔다고 해서 '이을드름(번개)'으로 불렸다. 그는 별명에 걸맞게 다뉴브 강을 건너 헝가리를 침략하고 서유럽 연합군을 물리쳤으며, 에게해와 아나톨리아 동부까지 차지했다. 또한 보스포루스 해협에 아나톨루 히사르(성채)를 쌓는 등 비잔티움 제국의 마지막 거점인 콘스탄티노플을 공격하기 위한 준비도 차질없이 진행시켰다.

하지만 이때 동쪽에서 온 강력한 적을 만나 큰 위기에 맞닥뜨렸다. 중앙아시아의 사마르칸트에서 혜성같이 등장한 몽골계 정복자 티무르가 이끈 군대였다.

1402년 7월 28일, 앙카라 부근 평원에서 오스만군과 티무르군이 대격전을 벌였다. 이때 오스만군은 참패했고, 바예지드 1세는 아들과 함께 체포되고 말았다. 바예지드는 티무르의 정중한 대접을 받았지만 실의에 빠져 감옥에서 시름시름 앓다가 병으로 죽었다. 티무르는 여세를 몰아 아나톨리아 대부분을 정복한 뒤, 그 땅을 튀르크의 다른 부족장들에게 돌려주고 물러갔다. 티무르군에게 패배한 이후 오스만 제국은 10년 동안 큰 위기를 맞았고, 다시 그 전의 모습으로 돌아가는 데 무려 50년이라는 세월이 걸렸다.

2 | 메흐메트 2세, 비잔티움 제국을 무너뜨리다

메흐메트 2세, 콘스탄티노플을 포위하다

1453년 4월, 보스포루스 해협은 급물살로 넘실거렸다. 뭔가 터질 듯한 팽팽한 긴장감 속에 옅은 안개만이 주변을 에워쌌다. 벌써 며칠째 오스만 군대가 콘스탄티노플 성벽을 포위하고 있지만, 비잔티움 제국의 수도는 함락되지 않았다.

우르반이 만든 거대한 대포로 수십 차례 공격했지만 성벽은 끝내 무너지지 않았다. 우르반의 대포는 파괴력이 엄청났지만, 조준이 정확하지 않고 한 번 쏘고 나면 다시 쏘는 데 시간이 많이 걸려서 하루에 7번만 발사할 수 있었기 때문이다. 그동안 비잔티움군은 무너진 성벽을 보강할 수 있었다.

콘스탄티노플은 보스포루스 해협, 마르마라 해, 골든혼으로 둘러싸인 천혜의 요새였다. 도시의 서쪽인 육지 쪽은 로마 시대부터 이중 삼

중의 성벽으로 둘러싸여 있었다. 바다 쪽은 성벽이 한 겹뿐이었지만 골든혼 입구를 쇠사슬로 막으면 개미 새끼 한 마리도 들어갈 수 없을 만큼 튼튼했다.

오스만 제국은 일찍부터 비잔티움 제국을 공격할 준비를 해왔다. 바예지드 1세는 보스포루스 해협의 아시아 쪽 연안에 아나톨루 히사르를 쌓았고, 메흐메트 2세는 유럽 쪽 연안에 루멜리 히사르를 쌓았다. 오스만 제국은 두 성채에 대형 대포를 갖추고 해협을 통과하는 선박의 왕래를 엄격히 통제하면서 비잔티움 제국을 압박했다. 하지만 비잔티움 제국은 콘스탄티노플 주변으로 영토가 줄었음에도 불구하고 항복하지 않은 채 버텼다.

'천 년의 역사를 가진 이 도시를 정복할 방법이 없을까?'

21세의 젊은 술탄 메흐메트 2세(재위 1444~1446년, 1451~1481년)는 곰곰이 생각에 잠겼다.

"골든혼 안으로 배를 댈 수만 있다면 도시를 함락시키는 건 시간 문젠데……"

"술탄, 배를 가지고 반대편 언덕을 넘으면 어떨까요?"

"뭐라고? 배를 가지고 산을 넘는다고? 오, 그거 좋은 생각이다. 당장 배를 육지로 옮겨라."

오스만 병사들은 깜짝 놀랐다. 어떻게 배가 산을 넘을 수 있단 말인가?

"배에 있는 무거운 장치를 모두 없애 무게를 줄여라."

"배에 밧줄 수백 가닥을 묶어라."

"둥근 나무에 반들반들하게 기름을 칠하라."

| 이스탄불 |

우르반 대포 메흐메트는 헝가리인 우르반이 만든 길이 8미터, 무게 600킬로그램으로, 대포알을 1.5킬로미터 날려 보낼 수 있는 거대한 대포를 사용했다. 우르반은 비잔티움 측에게 먼저 이 기술을 제안했다가 조건이 맞지 않자 이를 오스만 제국에 넘겼다고 전해진다. 대포들 중 가장 큰 것은 90마리의 소와 400명의 병사가 끌어야 할 정도였다고 한다.

유럽(루멜리)

신시가지

루멜리 히사르 • • 아나톨루 히사르

아시아(아나톨리아)

돌마바흐체 궁전 •

보스포루스 해협

톱하네 •

• 보스포루스 대교

골든혼
카슴파샤

구시가지

이집션 바자르
예니 모스크

• 위스퀴다르

술레이마니예 모스크

지하 저수지 • 토프카프 궁전
• 성소피아성당

그랜드 바자르 • 블루모스크

마르마라 해

흑해

이스탄불

터 키

이스탄불의 성채 오스만 제국은 비잔티움의 수도 콘스탄티노플을 함락시키기 위해 보스포루스 해협의 아시아 지역에는 아나톨루 히사르(왼쪽)를, 유럽 지역에는 루멜리 히사르(오른쪽)를 쌓았다.

콘스탄티노플 공략도 메흐메트 2세가 오른손을 들고 "가자, 카슴파샤 해안으로"를 외치고 있다. 병사들은 언덕 위에 궤도를 깔고 그 위로 배 두 척을 올려놓은 뒤 소 떼를 이용해서 당기고 있다. 이 그림은 돌마바흐체 궁전에 소장되어 있다.

"나무를 서로 묶어 궤도를 만들고, 배를 그 위에 올려라."

"영차! 영차!"

수많은 병사들과 수십 마리의 소가 달라붙어 배를 끌고 당겼다. 마침내 오스만군은 배를 갈라타 탑 동편의 톱하네에서 끌어올려 언덕을 넘어 골든혼 쪽의 카슴파샤 바다에 내려놓는 데 성공했다. 하룻밤 사이에 72척의 배가 골든혼 안 깊숙이 들어왔다. 배가 산으로 간 것이다.

다음날 아침, 성벽을 지키던 비잔티움 병사들은 자신들의 눈을 의심했다. 눈을 비비고 다시 보아도 믿을 수 없는 일이 벌어진 것이다.

하룻밤 사이에 감쪽같이 오스만군의 배들이 골든혼에 가득 차 있었다. 이로써 메흐메트는 콘스탄티노플을 무너뜨릴 수 있는 좋은 기회를 잡았다. 그러나 여전히 콘스탄티노플은 쉽게 함락되지 않았다.

메흐메트 2세, 콘스탄티노플을 함락시키다

그 뒤로 한 달여가 지난 후 콘스탄티노플에는 며칠 동안 천둥, 번개와 함께 비가 쏟아졌고, 짙은 안개가 자욱하게 덮였다. 비가 갠 5월 24일에는 환하게 도시를 비추던 보름달이 잠시 동안 갑자기 사라져 버렸다. 개기 월식이 일어나 지구의 그림자가 달을 완전히 가리면서 벌어진 일이었지만, 사람들은 무척 당황스러워 했다. 게다가 당시 콘스탄티노플에는 첫 황제의 이름과 같은 사람이 다스리는 동안 나라가 멸망한다는 소문도 떠돌았다. 당시의 황제는 콘스탄티누스 11세로, 초대 황제 콘스탄티누스 대제와 같은 이름이었다. 이 모든 것이 도시가 망할 불길한 징조라고 생각한 사람들은 사기를 잃은 채 불안에 휩싸였다.

마침내 5월 27일, 이날부터 3일 동안 16만 명의 오스만군은 서쪽의 육지와 동쪽의 바다에서 도시를 협공했다. 오스만군은 군악대의 북과 피리 소리에 맞추어 함성을 지르면서 돌격했다. 우르반의 대포가 성벽을 부쉈고, 정예 부대인 예니체리가 단숨에 성벽 안쪽을 뚫고 들어가 비잔티움군과 맞붙었다. 7000여 명밖에 안 된 비잔티움 군사는 목숨을 다해 싸웠지만, 황제 콘스탄티누스 11세가 전사하면서 항복하고 말았다.

메흐메트 2세의 즉위식 무라드 2세의 셋째 아들로, 키가 크고 둥그스름한 얼굴에 혈색이 좋고 건강한 체격을 가졌다. 앞날의 화근을 없애기 위해 즉위하자마자 이복동생을 살해하기도 했다.

콘스탄티노플의 함락은 단순히 한 도시의 함락이 아니었다.

서로마 제국이 무너진 지 1000년 만에 비잔티움 제국(동로마 제국)도 역사 속으로 사라진 것이다. 기독교의 상징으로 유럽 문화를 찬란하게 꽃피웠던 천 년의 수도는 이슬람교를 믿는 튀르크족의 차지가 되었다. 유럽의 동쪽을 지키면서 이슬람 세력의 공격을 막아 주던 방파제가 무너져 버린 것이다. 그 후로 200여 년간 동유럽의 여러 나라는 오스만 제국의 침략에 시달려야 했다. 비잔티움 제국이 멸망하면서 많은 학자들이 그리스, 로마 시대의 책과 문화유산을 가지고 유럽으로 이동해 와 르네상스가 발달하는 데 영향을 주기도 했다.

오랫동안 꿈꿔 온 승리를 거둔 메흐메트 2세는 '파티히(정복자)'라고 불리며 찬사의 주인공이 되었다. 또한 '파티히'라는 말에 걸맞게,

콘스탄티노플 함락도 콘스탄티노플이 함락됨으로써 비잔티움 제국의 1000년 역사가 막을 내렸다. 이로써 이 지역은 기독교의 영향력에서 벗어나 이슬람교를 믿는 튀르크족의 차지가 되었다.

메흐메트는 콘스탄티노플을 정복한 뒤에도 18년 동안 전쟁을 일으켜 유럽 쪽과 아시아 쪽의 국경을 넓혔다. 그리스 남부의 펠로폰네소스 반도를 정복했으며, 크림 반도와 트레비존드(트라브존)를 점령해 흑해를 오스만의 호수로 만들었다. 오스만 제국이 비잔티움 제국을 멸망시키고 지중해를 차지하면서 동방 무역을 담당하자, 서유럽의 여러 나라는 인도와 중국으로 가는 다른 길을 찾을 수밖에 없었다. 이를 계기로 에스파냐와 포르투갈이 앞장서서 신항로 개척의 길로 나서게 되었다.

3 | 콘스탄티노플을 이스탄불로 바꾸다

성소피아성당을 모스크로 바꾸다

1453년 5월 29일 화요일 늦은 오후, 메흐메트 2세는 당당하게 콘스탄티노플로 들어갔다.

그는 말에 올라 칼을 높이 든 채 수만 명의 오스만군을 거느리고 행진하면서 외쳤다.

"정복자들이여, 멈추지 마라! 신을 찬양하라! 그대들은 콘스탄티노플의 정복자들이다!"

사람들은 술탄에 오른 지 2년밖에 안 된 젊은 술탄을 향해 한목소리로 외쳤다.

"메흐메트 만세!"

"파티히 만세!"

그는 곧바로 성소피아성당으로 가서 이마를 바닥에 대고 이슬람식

콘스탄티노플로 입성하는 메흐메트 2세 1453년 5월 29일, 예니체리 부대와 대신들을 이끌고 흰말을 탄 채 콘스탄티노플로 입성하는 위풍당당한 메흐메트 2세의 모습.

예배를 드린 후에 "알라 외에 신은 없다"고 외쳤다. 이어서 "기독교 성당인 소피아를 이슬람의 모스크로 바꾸어라"라고 명령했다.

명령에 따라 성당 안에 메카의 방향을 나타내는 '미흐라브'가 만들어졌다. 또 '민바르'라고 불리는 설교단도 세워졌다. 우상 숭배를 금지하는 이슬람교의 원칙에 따라 모자이크로 꾸며진 예수나 마리아의 그림들은 지워지고 십자가는 내려졌다. 아름다운 성소피아성당은 제 모습을 잃어 갔다.

'저렇게 오색찬란한 모자이크화를 없앤다? 그러기엔 너무 아름답지 않은가!'

벽면의 모자이크화가 쏟아 내는 색채의 향연에 잠시 넋을 잃은 메흐메트 2세는 그림도 보호하고 이슬람의 교리에도 충실할 수 있는 방법을 찾았다. 그러고는 명령을 내렸다.

"석회를 발라 모자이크화를 덮어라."

후에 터키 공화국은 덧씌워진 석회를 벗겨 냈고, 메흐메트의 관용 덕분에 비잔티움 시대의 모자이크화는 오늘날까지 남아 찬란한 빛을 발하게 되었다.

그 후, 4개의 '미나레트'가 세워지면서 성당은 '아야소피아'라고 불렸다. 토프카프 궁전과 가까워 술탄이 매주 금요일 예배 때마다 방문하면서 제국에서 가장 격식 높은 모스크 가운데 하나가 되었다. 기독교 성당을 이슬람교의 모스크로 바꾸어 사용하듯이, 오스만 제국은 비록 다른 민족이 만든 건축물이라도 무조건 파괴하는 것이 아니라 자신들의 전통에 맞추어 적절하게 활용하는 유연성을 가지고 있었다.

모스크로 변한 성소피아성당 성당 내부에 메카 방향을 나타내는 '미흐라브'와 설교단인 '민바르'를 만들고, 알라나 무함마드 등의 이름을 아랍어로 쓴 검은색 원판을 내걸었다. 외부에는 4개의 미나레트를 세웠다.

민바르   미흐라브

성소피아성당의 모자이크화 모자이크 벽화를 벗겨 내지 않고 그 위에 회칠을 한으로써 성소피아성당의 아름다운 모습을 보존할 수 있었다.

오스만 제국의 수도, 이스탄불

자신이 정복한 콘스탄티노플의 거리를 둘러보던 메흐메트는 도시의 거대한 규모와 많은 사람들, 그리고 교회와 건물들의 아름답고 화려한 모습에 감탄했다. 그는 오스만의 전통대로 병사들에게 3일간의 약탈을 허용했다. 병사들은 도시의 건물을 부수고 물건들을 빼앗았으며, 저항하는 그리스인들은 죽이거나 포로로 잡아 시장에 내다 팔았다. 이렇게 많은 주민들이 목숨을 잃고 도시가 파괴되는 것을 본 메흐메트는 자신의 결정을 곧바로 후회했다.

"이런 위대한 도시를 약탈하고 파괴하다니!"

눈물을 흘리며 깊은 탄식을 내뱉은 그는 정복한 다음날 곧바로 약탈을 중지시켰다. 콘스탄티노플은 파괴하기에는 너무 아깝고 소중한, 역사의 도시이자 동서 교역의 중심지였기 때문이다.

한 걸음 더 나아가 그는 아예 제국의 수도를 아드리아노플에서 콘스탄티노플로 옮기고, 이름을 이스탄불로 바꾸었다. 그리고 술탄의 도시이자 이슬람의 도시로 새롭게 꾸몄다. 먼저, 골든혼이 바라다보이는 성소피아성당 옆 언덕에 토프카프 궁전을 지었다. 예니체리 부대에 궁전의 방어를 맡겼으며, 디반˚을 두어 대신들이 국가의 중요한 일을 의논하게 했다. 술탄은 알현실에서 디반 회의의 결과를 듣고 외국 사신들을 맞았다. 토프카프 궁전은 나라의 중요한 일을 의논하고

˚ **디반** | 토프카프 궁전에 있는 방의 이름으로, 삼면에 터키 양탄자를 덮은 긴 의자가 있어서 디반(벽에 붙여 놓은 긴 의자)이라 불렀다. 이곳에서 오늘날의 국무 회의에 해당하는 대신들의 회의가 열렸다.

집행하는 중심축이 되었다.

다음으로 그는 자신의 이름을 딴 메흐메트 모스크를 새로 지었다. 그리고 모스크 옆에는 8개의 메드레세(이슬람 신학교), 순례자 숙박소, 공동 취사장, 병원, 대상 숙소, 자신이 묻힐 묘당을 함께 지었다. 모스크와 시장, 공공 교육 기관과 자선 기관을 함께 짓는 대규모 공공 복합 단지인 '퀼리예'를 만들어 이슬람교에서 꿈꾸는 이상적인 도시의 모습을 현실의 이스탄불에서 꽃피우려 했다.

다른 튀르크 귀족들도 그를 본떠 여러 곳에 퀼리예를 만들었다. 이로써 이스탄불에는 큰 규모의 퀼리예를 중심으로 여러 개의 마을이 모여 사는 지구(나히예)가 13개나 만들어졌다. 이곳에는 생활에 필요한 모든 것이 갖추어져 있었기 때문에 사람들이 몰려들어 마을을 이루었고, 시장과 상점도 발달했다.

또한 술탄은 '그랜드 바자르(카팔르 차르시)'라는 큰 시장을 만들었다. 수천 개의 상점이 골목길을 사이에 두고 미로처럼 연결되어 있는 시장에는 비바람을 막기 위해 지붕을 덮었다. 이곳 상점에는 제국 전체에서 모여드는 대상들이 가져온 황금, 향료, 양탄자, 비누, 책, 약, 도자기 들로 넘쳐 났다. 시장의 뒷골목에서는 수공업자들이 서로 돕는 동업 조합인 '길드'를 조직해 정교하고 아름다운, 생활에 필요한 여러 가지 물건을 만들었다. 그뿐만 아니라 시장 안에는 대상들이 묵을 수 있는 숙소와 식당, 하맘(목욕탕) 등도 갖추어져 있었다.

콘스탄티노플은 이스탄불로 이름이 바뀐 채 500년 가까이 오스만 제국의 수도였으며, 찬란한 이슬람 문화가 발달했다. 오늘날도 터키에서 경제·사회·문화의 중심지로서의 역할을 다하고 있다.

◉ 토프카프 궁전

토프카프 궁전은 보스포루스 해협과 골든혼, 마르마라 해가 만나는 지점에 있으며, 방어하기에 아주 좋은 요새와 같은 곳이다. 터키어로 '토프'는 대포, '카프'는 궁전이라는 의미인데, 보스포루스 해협을 향해 대포를 놓았기 때문에 토프카프 궁전으로 불렸다.

토프카프 궁전은 1472년에 착공해서 1478년에 준공한 뒤 1856년 돌마바흐체 궁전이 새로 지어질 때까지, 약 380년 동안 오스만 제국의 궁전으로 사용되었다. 고쳐 짓기도 하고 늘려 짓기도 했으며, 지진과 화재 피해도 입었다. 고전적인 오스만풍의 건축 양식을 가진 궁전으로, 최고 전성기에는 4000~6000명 정도의 사람이 생활했을 만큼 규모가 어마어마하다.

궁전에는 황제의 문(밥 이 후마윤), 평안의 문(밥 웃 셀람), 지복의 문(밥 웃 사세트) 등 3개의 문이 있다.

보석 박힌 단검 토프카프 궁전의 보석 박물관에 전시되어 있는 에메랄드가 박힌 칼.

토프카프 궁전의 문

첫 번째 '황제의 문'을 통과하면 마당이 보이는데, 오스만 군주와 궁전을 수비하는 '예니체리'라고 불리는 근위대가 있어 이곳을 '예니체리 마당'이라고 부르기도 한다. 두 번째 '평안의 문'을 들어서면 향나무들이 우뚝 서 있는 색다른 분위기의 정원 왼쪽에 온통 황금으로 덮인 디반의 방이 있는데, 여기서는 디반 회의가 열렸다. 오늘날의 국무 회의와 같은 디반 회의는 처음에는 토, 일, 월, 화요일 등 일주일에 네 번 열렸으나 점차 줄어들어, 18세기 초에는 화요일에만 열렸다. 디반 회의 초기에는 술탄이 직접 참여했으나 나중에는 재상이 디반 회의를 이끌었다. 디반의 방 앞에 있는 마당에서는 출정식, 외국 사신 접대 등 각종 행사가 열렸다. 세 번째 '지복의 문'은 술탄과 술탄의 측근만이 통과할 수 있는 문으로, 마당에서는 술탄의 즉위식이 열렸다. 알현실 건물 앞에는 공식 행사 때 술탄의 왕좌가 놓였으며, 알현실에서는 술탄이 여러 사람을 만났다. 술탄의 여인과 가족들이 생활하는 '하렘'은 이 세 번째 문을 통해서만 들어갈 수 있었다.

4 | 다양한 종족과 민족이 공존하다

밀레트 제도를 운영하다

메흐메트 2세가 콘스탄티노플을 공격하는 동안 많은 사람들이 도시를 떠났다. 인구가 줄어들고 황폐해진 도시를 보면서 그는 정복자들만이 아니라 모든 사람이 어울려 사는 도시를 만들기로 결심했다.

그래서 그는 비잔티움 제국 주민들에게 '자신들의 신앙을 가져도 좋다'고 약속하고, 재산을 가질 수 있도록 허락했다. 성소피아성당과 코라 교회 등 비잔티움 시대의 유명한 건축들도 그대로 보존하고, 나아가 이탈리아나 그리스 출신의 학자나 예술가들을 궁정으로 불러들여 문화를 이어 갈 수 있도록 했다.

메흐메트는 더 많은 사람들이 이스탄불로 모여들어 살기를 바랐다.

"술탄, 우선 아나톨리아와 발칸 반도 등지에 살고 있는 튀르크인과 그리스인, 아르메니아인, 유대인 등을 이스탄불로 옮겨 살게 하면 어떨

까요?"

"그들이 고향을 떠나서 여기로 오려고 하겠는가?"

"이주해 오는 사람에게는 땅과 집을 주고, 얼마 동안 세금을 면제해 주면 되지 않겠습니까? 또 유럽 곳곳에서 종교적인 이유 때문에 박해를 받던 유대인이나 아르메니아인도 받아들이면 어떻겠습니까?"

이 같은 정책을 시행한 결과 이스탄불의 인구는 점점 늘어나, 다양한 종교를 가진 다양한 민족이 모여 사는 도시가 되었다.* 그런데 이처럼 다양한 민족이 모여 살자 이들 사이에 대립과 갈등도 생겨났다. 메흐메트 2세는 이를 해결하기 위해 밀레트 제도를 도입했다. 밀레트란 터키어로 '종교 공동체' 또는 '민족'을 뜻하는 말로, 종교별로 구성된 일종의 종교 자치체다. 이스탄불에서 튀르크 무슬림, 그리스 정교도, 아르메니아 기독교도, 유대교도들이 저마다 밀레트를 만들어 각자 자신들의 교회를 짓고 마을을 이루며 모여 살았다. 유대교의 밀레트는 최고 랍비가, 튀르크 무슬림의 밀레트는 세이휼이슬람(대율법사)이, 아르메니아 기독교 및 그리스 정교의 밀레트는 총사교장이 대표를 맡았다. 무슬림은 모스크에서 금요일에, 유대인들은 유대 교회에서 토요일에, 그리스 정교도들은 성당에서 일요일에 모여 저마다 예배를 드렸다. 오스만 제국은 각각의 밀레트를 존중하기 위해 제국 안에서 세 번의 주일을 운영한 것이다. 나아가 결혼이나 자녀 교육 등

---

* 1477년에 이스탄불에서 진행된 인구 조사에 따르면, 이슬람교를 믿는 튀르크인 가구가 9600 가구, 그리스인 가구가 4000여 가구, 유대인 가구가 1700여 가구, 아르메니아인 가구가 434 가구, 제노바인 가구가 267가구, 제노바인을 제외한 유럽인 가구가 332가구였다. 이스탄불의 총인구는 8만~10만 명 정도였다.

일상생활과 법률, 재판 등도 밀레트 스스로 운영하도록 했다.

밀레트는 이렇게 자율권을 얻는 대신에 오스만 제국의 술탄 정부에 세금을 납부하고, 군대에 가는 의무를 졌다. 술탄은 무슬림과 관련된 재판이나 밀레트 사이의 분쟁이 있을 때만 관여하고 가능한 한 간섭하지 않았다.

또한 메흐메트 2세는 이슬람교를 믿지 않는 사람을 강제로 이슬람교도로 만들지도 않았다. 그들의 종교와 관습과 문화를 인정했다. 개종하지 않을 경우 비이슬람교도들은 특별 인두세를 더 내면 되었다. 물론 이들이 이슬람교로 개종하는 것도 허용했다. 실제로 개종한 사람들 중에는 정부의 높은 관직에 오르는 이도 있었다.

사실 이슬람교를 믿으며 머나먼 몽골 초원에서 이주해 온 소수의 튀르크족이 기독교를 바탕으로 오랫동안 발달된 문명을 누려 오던 비잔티움 제국의 옛 영토를 다스린다는 것은 보통 일이 아니었다. 더욱이 이스탄불은 동양과 서양, 기독교와 이슬람교, 아시아인과 유럽인이 만나는 지역이었기 때문에 더욱 복잡하고 어려웠다. 이들 사이에서 발생하는 갈등과 대립을 잘 조율하고 융합하는 것은 제국의 사활이 걸린 일이었다. 메흐메트는 바로 이런 문제를 밀레트 제도를 중심으로 현명하게 풀어낸 것이다. 다양한 민족과 종교를 허용함으로써 공존을 꾀한 메흐메트 2세의 포용 정책은 오스만 제국이 600년 역사를 이어 오는 원동력이 되었다.

이와 함께 메흐메트 2세는 조세 제도를 정비해 상인과 장인의 이익을 보장했다. 그는 외국인들도 2퍼센트의 세금만 부담하면 이스탄불에서 자유롭게 상업 활동을 할 수 있도록 허락했다. 나아가 그들이 상점을 갖고 장사를 할 수 있도록 해 주었다. 이에 따라 이스탄불의 갈라타 지구 곳곳에는 상인들의 집단 거주지가 만들어졌다.

이러한 정책 덕분에 메흐메트 2세가 다스리던 15세기 말 이스탄불은 인구가 10만 명으로 늘어나고 외국인 무역 상인들이 활발히 찾아드는 등 큰 번영을 누렸다. 이제 이스탄불이 오스만 제국의 정치·경제·문화의 중심지가 되었다.

예니체리 부대, 영토 확장에 앞장서다

오스만이 세운 작은 나라가 100여 년 만에 이렇게 대제국으로 발전할 수 있었던 데는 예니체리 부대의 역할이 컸다. 오스만 제국도 건국 초기에는 모든 남자를 총동원해서 급하게 부대를 만들어 전투를 치르곤 했다. 그러나 3대 술탄인 무라드 1세는 이렇게 훈련되지 않은 병사들로는 큰 승리를 할 수 없다고 생각했다. 그래서 언제든지 동원할 수 있고 제대로 훈련받은 직업 군인을 새로 만들고, 이들을 '예니체리'라고 불렀다. 예니체리는 튀르크어 '예니셰'에서 유래한 말로 '예니'는 새로운, '체리'는 병사라는 뜻이다. '새로운 병사' 또는 '신식 군대'를 의미했다.

무라드 1세는 전쟁 포로로 잡힌 소년들이나 발칸 반도 여러 지역의 기독교 가정 소년들을 데려다가 예니체리 부대를 만들었다. 제국은 이후에도 필요할 때마다 3~5년에 한 번씩 필요한 만큼 소년들을 선발했다. 오스만 역사에서 중요한 역할을 했던 예니체리가 튀르크인으로만 구성된 군대가 아니었던 것이다. 오히려 정복지였던 그리스나 발칸 반도의 기독교인들이 더 많은 수를 차지하기도 했다. 그러나 이들을 강제로 징집한 뒤에는 이슬람교로 개종시켜 엄격한 신체 훈련과 각종 무기 다루는 기술을 익히게 했다(이러한 징집 제도는 1703년까지 이루어졌다. 이후에는 예니체리의 자식들이 대를 이어 예니체리로 충원되었다).

예니체리 가운데 한 사람이었던 야심은 발칸 반도의 불가리아 땅에 살던 기독교인이었다. 15세 때 술탄의 예니체리 부대가 마을을 습격해 오는 바람에 부모님은 돌아가시고 야심은 포로로 잡혀 이스탄불로 끌려왔다. 낯설고 무섭기도 한데다 부모님을 잃은 슬픔으로 눈은 눈물에 젖어 있었지만, 야심은 주먹을 꽉 쥔 채 입을 앙다물고 이글거리는 눈빛으로 술탄의 병사들을 노려보았다.

마침 누더기를 입고 추레하게 서 있는 포로들을 살피던 '아가(대장)'의 눈이 야심과 마주쳤다. '아가'는 곧바로 야

심을 따로 빼내 다른 줄에 세우라고 명령했다.

이렇게 해서 8세에서 20세 사이의 아이 수십 명을 선발했다. 선발된 아이들은 곧바로 모스크로 보내 이슬람교로 개종시켰다. 그러고는 따로따로 나누어 튀르크인의 마을로 보냈다. 야심도 한 가정에 보내져 튀르크 말과 풍습과 문화를 익혔다. 음식도 낯설고 말도 낯설어 많은 고생을 했지만, 똑똑한 야심은 이 모든 것을 잘 이겨 냈다.

기독교인들을 튀르크인으로 만드는 교육이 끝날 무렵, 야심은 다시 부대로 돌아왔다. 처음에 눈물로 헤어졌던 다른 포로들도 야심과 같이 어느새 완전한 튀르크인이 되어 있었다. 이들은 다시 정신 교육과 신체 훈련, 그리고 군사 훈련을 받은 다음 각각 부대에 배치되었다.

야심은 보병 부대에 배치되어 사슬 갑옷을 입고 투구를 썼으며, 칼

예니체리 병사들 무장한 예니체리 병사들의 모습. 부대마다 사용하는 무기와 복장이 달랐다.

과 도끼, 방패를 들었다. 다른 친구들도 저마다 무기를 운반하는 부대, 대포를 제작하는 부대, 활을 쏘는 궁수 부대, 술탄의 호위 부대 등에 배치되었다. 각 부대마다 사용하는 무기가 달랐고, 군복과 군화의 색깔이 달랐기 때문에 야심은 복장만 보고도 친구들이 어느 부대에 배치되었는지 알 수 있었다.

부대는 몽골군과 비슷하게 10명, 100명, 1000명 단위로 구성되었으며, 각각 대장을 두었다. 예니체리 부대 전체의 사령관인 '아가(agha)'의 권한은 막강했다. 예니체리는 술탄의 친위 부대로서, 신과 술탄 외에는 누구에게도 복종하지 않았다. 평상시에는 술탄이 머무는 수도의 경비를 맡아 경찰이나 소방관 역할을 하다가, 전쟁이 나면 술탄의 최정예 부대로 참전해서 뛰어난 공로를 세웠다. 이들은 군복과 급여를 받는 등 특별한 대우와 지위를 인정받았으나 군율도 엄격했다. 웬만한 부정 행위는 사형으로 다스려졌고, 술탄 셀림 때까지는 결혼조차 엄격하게 금지되었다. 이들은 다른 이슬람교도와 달리 콧수염 외에 수염을 기르는 것도 금지되었다. 그래서 턱 부분은 전부 면도하고 콧수염만 옆으로 길게 길러 감아올렸다. 머리는 정수리 한 움큼만 남기고 박박 민 뒤, 뵈르크라는 흰색 머리 보호대를 썼다. 전투에 져서 포로가 되었을 때, 적이 머리털 뭉치를 잡고 목을 쉽게 자르게 하기 위해서였다.

예니체리의 활약이 절정에 달했던 16세기에는 이들의 숫자가 1만 5000명에 이를 정도였다. 정복 전쟁에 참여한 예니체리의 활약이 뛰어날수록 유럽 기독교 국가들은 두려움에 떨었다.

한편, 예니체리는 영향력이 커지면서 정치에 관여하기 시작했다.

행진하는 예니체리 군악대 훗날 메흐테르 군악대의 리듬을 참고로 행진곡풍으로 만들어진 곡이 모차르트의 〈터키 행진곡〉이다.

그들은 무력을 이용해 재산을 쌓고 이익을 얻는 일에 끼어들었으며, 17세기부터는 반란을 일으켜 술탄을 죽이거나 폐위시키기도 했다. 술탄을 보호하기 위해 만들어졌던 부대가 거꾸로 술탄의 안전을 위협하는 존재가 된 것이다. 예니체리는 여러 번의 시도 끝에 마흐무트 2세 때인 1826년에 해체되었다.

예니체리의 군악대 메흐테르

오스만 군대가 출정하는 날이면 토프카프 궁전 앞에서는 나팔, 북, 피리, 심벌즈가 어우러진 행진곡이 크게 울려 퍼졌다. 70여 명의 메흐테르 군악대가 군인들의 사기를 높이기 위해 행진하면서 연주하는 소리였다. 오스만군은 군악대를 앞세우고 부대별로 당당하고 씩씩하게 행진했다. 다양한 복장과 무기를 가진 여러 부대가 행진곡풍의 음악에 맞추어 행진하는 모습은 장관이었다. 이스탄불에 살고 있는 사람들은 거리로 쏟아져 나와 용감히 싸워 승리하고 돌아오라며 환호성을 지르고 박수를 쳤다. 길 양옆에서는 아이들이 군악대의 연주 소리에 맞추어 신나게 뛰어다녔다.

예니체리의 군악대인 메흐테르는 평상시에는 술탄의 즉위식이나 결혼식 때 음악을 연주해 술탄의 권위를 높였고, 군대가 출정할 때는 술탄과 군사들의 사기를 높이기 위해 우렁차게 연주했다. 또 전쟁터에서는 적에게 오스만 군대가 가까이 있음을 알리는 공포 신호가 되었다. 군악대의 연주 소리와 군사들의 함성이 합쳐지는 소리를 들으면, 아마 상대방은 마음을 졸이고 공포에 사로잡혀 제대로 싸워 볼 생각조차 못했을지도 모른다.

● 오스만 제국과 맞서 싸운 루마니아의 드라큘라

수백 년을 살면서 검은 옷에 핏기 없는 얼굴을 하고 날카로운 송곳니로 사람의 목을 물어 피를 빨아먹는 드라큘라. 수많은 영화와 연극, 드라마에 등장해서 우리를 공포에 떨게 한 악마가 실제로 존재했던 인물이라면?

드라큘라의 모델이 되었던 영주는 역사 속의 실제 인물로, 본명은 블라드 체페슈(1431~1476년)다. 그는 루마니아 옛 왕국 중 하나인 왈라키아 공국의 왕위 계승자였다. 드라쿨은 '용' 또는 '악마'라는 뜻을 가진 루마니아어인데, 체페슈의 아버지 블라드 2세

블라드 체페슈

가 당시 유럽에서 용 문장을 그린 깃발을 달고 다니던 기사단의 한 사람으로 활약했기에 붙여진 별명이다. 그는 '용의 아들'이라는 뜻의 '드라큘라'라고 불렸는데, 본인도 그 별명이 마음에 들었는지 자신의 서명으로 사용하기도 했다. 드라큘라는 용의 깃발을 들고 군대를 이끌고 전쟁터에 나가 정복자 메호메트 2세에 맞서 오스만 제국의 침략을 물리치고 루마니아를 구한 영웅이었다. 결국 오스만의 침략을 막는 데 성공하지는 못했지만 말이다.

오늘날 그가 십자가를 무서워하는 악마로 그려지는 이유는 다른 데 있다. 그는 왈라키아의 군주가 된 뒤 그에게 반대하는 귀족은 물론 포로 등을 잔인하게 살해했는데, 특히 나무를 깎아 만든 날카롭고 긴 꼬챙이로 찔러 죽이곤 했다. 그럴 때마다 그는 꼬챙이에 찔린 포로가 서서히 피를 흘리며 고통스럽게 죽어 가는 모습을 아무렇지도 않게, 식사하면서 처음부터 끝까지 지켜보았다고 한다. 이때 주로 사용했던 꼬챙이가 루마니아어로 '체페슈'인데, 여기서 그의 이름이 유래했다.

이 드라큘라라는 별명을 모델 삼아 우리가 흔히 아는 흡혈귀의 대명사 드라큘라가 탄생한 것이다. 그러나 오늘날 그는 루마니아의 독립을 위해 싸운 영웅으로 재평가되고 있다.

실크로드의 종착지,
'그랜드 바자르'에는
없는 물건이 없다

터키의 시장에는 어떤 물건들이 있을까? 한번 구경해 보자.

터키에서는 시장을 '바자르'라고 한다. '바자르'는 고대 페르시아어로 식량을 의미하는 '아바'와 장소를 뜻하는 '자르'가 합쳐진 말이다. 원래는 길거리에서 식품을 펼쳐 놓고 사고팔았던 곳이다. 날마다 시장이 열리면서 눈과 비를 피하기 위해 천막을 쳤고, 오늘날의 바자르가 되었다. 시장은 양탄자, 모피, 도자기, 금은 세공품, 보석, 금은 실로 테두리를 장식한 벨벳이나 비단 등 화려한 직물들로 넘쳐 났다.

이스탄불에는 2개의 유명한 바자르가 있다.

그중 하나는 이집트 시장인 '므스르 차르시(이집션 바자르)'인데, 주로 이집트의 수도 카이로에서 수입한 허브 같은 향신료가 거래되어 '스파이스 바자르'라고 부르기도 한다.

다른 하나인 '그랜드 바자르(카팔르 차르시)'는 정복자 메흐메트 때부터 있었다. 면적이 3만제곱미터 정도인 그랜드 바자르에는 65개의 골목길이 있고, 길 양쪽으로 3300여 개의 가게가 들어서 있다. 출입구가 20개가 넘어 한번 들어서면

이스탄불 바자르의 상인들

길을 잃어버리기 쉽다. 그랜드 바자르의 가장 중심지에는 보석이나 귀금속을 파는 가게가 모여 있는데, 특별히 경비를 위해 울타리를 쳤고, 이를 '베데스텐'이라고 부른다.

터키는 귀금속 공예가 발달했다. 특히 오스만 제국의 술탄들은 귀금속을 박아 넣은 보석함을 무척 좋아했다. 보석함이나 무기 등에 루비나 사파이어, 다이아몬드 같은 보석을 박고 조가비 등으로 둘렀다. 보석의 광채와 조가비의 다채로운 빛깔이 어우러져 무척 화려했는데, 왕자들이 세공술을 배울 정도로 중요하게 여겼다. 지금도 이곳 보석 가게는 성황을 이룬다.

또한 유럽의 유명한 궁전들을 화려하게 장식하거나 〈신드바드의 모험〉의 주인공 신드바드가 타고 하늘을 나는 카펫도 유명하다. 서양식 생활을 하는 데 필수품인 카펫의 발생지는 유럽도 페르시아도 아닌, 바로 터키다. 튀르크족은 본래 유목 민족으로, 초원에 이동식 천막을 치고 카펫을 바닥에 깔거나 벽에 걸고 살았다. 그러다 이슬람교를 믿으면서 모스크에 들어갈 때 신발을 벗고 무릎을 꿇은 채 이마를 바닥에 대고 절을 했기 때문에 바닥에 카펫을 깔아 놓았다. 페르시아의 가장 질 좋은 카펫을 '칼리'라고 부르는데, 이 '칼리'가 터키어에서 나온 말이다. 헤레케와 카이세리 등에서는 지금도 카펫을 많이 만든다.

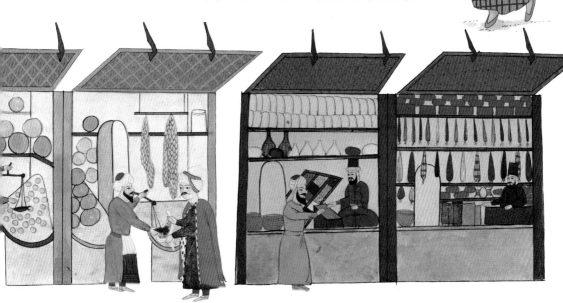

다양한 보석함   이즈니크 도자기

　터키 하면 도자기로도 유명하다. 아라베스크 무늬나 리본 모양의 구름무늬, 채색 문자에
가까운 나선형의 가느다란 당초무늬 등이 새겨진 코발트블루의 화려한 이즈니크 도자기는
정말 볼 만하다. 블루모스크를 장식한 도자기 타일도 아름답고 화려하다.

　낮에는 유럽이나 아시아, 이집트에서 온 많은 상인들로 바자르가 시끌벅적하게 붐볐다.
교역을 주로 담당했던 사람들은 베네치아인, 제노바인, 폴란드인, 모스크바인, 프랑스인 등
외국 상인들이었다. 비단길을 거쳐 온 동양의 물건들과 지중해를 건너온 서유럽의 물건들
을 모두 만날 수 있을 만큼 그랜드 바자르에는 없는 물건이 없었다. 또한 다양한 민족과 종
교가 어우러지는 곳이기도 했다.

5장

유럽을 떨게 한 오스만 제국

오스만 제국은 16세기에도 영토를 계속 확장해 슐레이만 1세 때는 아시아, 아프리카, 유럽의 세 대륙에 걸친 대제국으로 발전했다. 이때 동지중해는 오스만 제국의 호수가 되었다. 슐레이만은 법을 만들고 통치 제도를 정비해 '카누니(입법자)'로 불렸으며, 영토를 넓히고 법률·문학·예술·건축 등의 분야에서 큰 업적을 이룩해 제국의 전성기를 이루었다. 슐레이마니예 모스크와 술탄 아흐메트 모스크(블루모스크) 등 오스만 제국을 대표하는 건축물들도 이때 세워졌다. 하지만 슐레이만이 세상을 떠난 뒤 왕위 계승 문제를 둘러싸고 지배층이 대립하면서 어려움을 겪게 된 오스만 제국은 제2차 빈 포위 공격에 실패하면서 정체되기 시작했다.

1517년	셀림 1세, 술탄-칼리프가 되다
1520~1566년	술레이만 1세, 오스만 제국 최대의 전성기
1529년	제1차 빈 포위 공격 실패
1609~1616년	아흐메트 1세, 블루모스크 건축
1683년	제2차 빈 포위 공격 실패

1600년   영국, 동인도 회사 설립

1642년   영국, 청교도 혁명

1675년   필립왕 전쟁

1644년   명 멸망, 청이 중국 지배

1590년   도요토미 히데요시,
일본 통일

1603년   일본, 에도 막부 수립

1618년   독일, 30년 전쟁(~1648)

1592년   임진왜란, 한산도 대첩

1636년   병자호란

1643년   프랑스, 루이 14세의 절대 왕정(~1715)

1 술레이만 1세, 제국을 완성하다

술레이만, 술탄의 자리에 오르다

1520년, 토프카프 궁전 '지복의 문' 앞마당에서 술탄의 즉위식이 열렸다. 신하들과 예니체리, 외국의 사절단이 참석한 가운데 열린 즉위식의 주인공은 술레이만 1세(재위 1520~1566년)였다. 지혜의 왕 '솔로몬'의 튀르크식 발음인 술레이만으로 불린 그는 즉위 당시 25세로, 키가 크고 강단 있는 모습이었다. 목은 긴 편에 얼굴은 갸름하고 매부리코였으며, 콧수염과 턱수염을 조금 길렀는데 쾌활해 보였다.

술레이만의 아버지인 셀림 1세는 자신의 아버지를 쫓아내고 술탄의 자리에 올라 '야우즈(냉혹한 자)'라고 불렸다. 그는 두 차례 원정을 떠나 이란을 공격해서 이란 북서부를 차지했으며, 이집트를 공격해서는 시리아와 카이로를 차지하고 홍해를 세력권에 넣었다. 이때부터 시리아와 이집트는 400여 년간 오스만 제국의 지배를 받게 되었다. 셀림

오스만 제국의 전성기 오스만 제국은 셀림 1세와
아들 술레이만 1세 때 아시아, 유럽, 아프리카 세
대륙에 걸친 영토를 차지하는 등 전성기를 맞이
했다.

은 이슬람의 최고 지도자인 '칼리프'라는 지위와 함께 이집트가 가지
고 있던 예언자 무함마드의 망토와 턱수염, 발자국, 활 등의 성물을
가져왔다. 이로써 오스만 제국은 술탄이 칼리프를 겸하게 되었고,

● 이 유물들은 지금도 토프카프 궁전 특별관에 전시되어 있으며, 이를 보기 위해 많은 무슬림
이 이곳을 찾고 있다.

1924년 칼리프 제도가 없어질 때까지 이슬람 세계의 종교와 정치를 대표하는 종주국이 되었다.

셀림 1세의 유일한 아들인 술레이만은 아무런 반대나 분쟁 없이 순탄하게 술탄이 되었다. 그는 즉위식을 올린 후 에윱의 모스크에서 오스만 1세의 칼을 차는 의식을 하고, 술탄의 공식 서명과 즉위 연도 등을 새긴 새 동전을 발행했다. 전통적인 방식대로 열린 술레이만의 즉위식은 제국 최고 지배자로서의 모습을 보여 주는 데 조금도 부족함이 없었다. 제국의 많은 사람들은 학문을 좋아하는 현명한 군주의 즉위식을 기대에 찬 눈길로 지켜보았다. 이후로 제국의 모든 모스크에서는 금요일 한낮의 기도 시간에 술레이만 술탄의 이름을 낭송했다.

동지중해는 오스만 제국의 호수

46년을 통치하는 동안 술레이만은 무려 13차례나 원정을 떠났다. 그는 즉위하자마자 먼저 베오그라드를 정복하고, 로도스 섬을 함락시켜 동지중해의 해상권을 장악했다. 다음으로 헝가리 원정에 나서 모하치에서 헝가리 군대를 격파하고, 헝가리 땅 대부분을 점령했다. 모하치 전투에서 헝가리 기병대는 오스만의 대포 공격에 맥도 못 추고 몰살당했다. 병사들은 늪에 빠져 갑옷의 무게를 이기지 못해 익사하고 말았다. 헝가리의 왕과 귀족들도 전사하거나 처형되었다. 당시의 일을

● 오스만 제국은 무라드 1세 때 술탄직을, 셀림 1세 때 칼리프직을 받음으로써 술탄이자 칼리프로서 이슬람 세계를 대표했다.

술레이만은 자신의 일기에 "2000명의 포로를 학살하다. 비가 억수같이 쏟아지다. 헝가리 보병 2만 명과 기병 4000명이 땅에 묻히다"라고 적었다.

술레이만은 이후 군대를 더 진격시켜 헝가리의 수도 부다페스트를 점령했다. 당시 헝가리가 오스만 제국에게 점령당해 지배를 받게 되었다는 소식을 들은 유럽 여러 나라는 엄청난 충격에 휩싸였다. 또한 오스만 제국이 언제 자신들을 공격해 올지 몰랐기 때문에 유럽 세계는 항상 긴장하고 있었다.

술레이만이 통치하는 동안 서유럽에서는 에스파냐와 포르투갈이 신항로를 개척했고, 알프스 이북 지역에서는 르네상스가 꽃을 피웠으며, 루터와 칼뱅의 종교개혁이 일어나는 등 근대 의식이 싹트면서 절대주의 사회로 성장하고 있었다. 하지만 서유럽 국가들에게 오스만 제국은 여전히 무서운 존재였고, 제국의 팽창 앞에서 두려움에 떨어야 했다.

그런데 1529년 9월, 술레이만 1세는 오스트리아의 빈에서 첫 번째 패배를 맛보았다. 당시 오스트리아-합스부르크는 2만 명의 병사와 72대의 대포로 오스만 제국의 대군에 맞서 싸웠다. 오스만군이 대포를 쏘면서 끊임없이 공격했지만, 빈은 항복하지 않았다. 그렇게 춥고 흐린 날이 계속되자 오스만군의 사기는 땅에 떨어졌고, 식량과 군수품마저 바닥나기 시작했다. 결국 오스만군은 겨울이 시작되기 전에 어쩔 수 없이 포위를 풀고 돌아가기로 했다. 이렇게 빈 공격이 실패하면서 오스만 제국은 더 이상 동유럽으로 영토를 넓히지 못했다.

그 뒤 1683년 메흐메트 4세 때 제2차 빈 포위 공격을 시도했지만

제1차 빈 포위 술레이만이 이끄는 오스만 제국 군대의 진영 모습이다.

실패했고, 오히려 이것이 오스만 제국이 쇠퇴하는 계기가 되었다.

　이처럼 비록 빈 포위 공격에는 실패했지만 술레이만은 고삐를 늦추지 않았다. 동남쪽으로 이란과 이라크를 공격하고 바그다드를 손에 넣은 뒤, 아라비아 반도 남부와 페르시아 만까지 진출했다. 또 남쪽으로는 아프리카 북부의 튀니지와 알제리를 정복하고, 동북부 아나톨리아로 영토를 넓히기도 했다. 그뿐만 아니라 바다로도 진출해 에게해의 섬 대부분을 차지했으며, 서지중해에서는 로도스 섬에 머물던 성요한 기사단을 몰아내고, 베네치아와 전쟁을 벌이기도 했다. 술레이

오스만 제국의 최대 전성기를 이끈 술레이만 술레이만이 이끄는 오스만 제국 군대의 진군은 쉽사리 멈추지 않았고, 유럽의 여러 나라는 촉각을 곤두세우면서 긴장할 수밖에 없었다. 왼쪽은 1554년에 술레이만 1세가 나흐지반에서 진군하는 모습을 묘사한 그림이다. 오른쪽은 헝가리 왕 야노슈 지그몬드가 술레이만 1세 앞에 무릎을 꿇은 모습이다.

만 1세가 다스리던 동안 오스만 제국은 동지중해를 둘러싸고 아시아와 유럽, 아프리카에 걸친 대제국이 되었고, 동지중해는 오스만 제국의 호수가 되었다. 이로써 술레이만은 오스만 제국의 술탄이자 술탄 중의 술탄이 되었다. 그는 자랑스럽게 선언했다.

짐은 술탄 중의 술탄, 군주 중의 군주, 세계 지상의 군주에게 왕위를 나누어 주는 자, 지상에서는 신의 그림자, 짐의 고귀한 선조와 빛나는 조상들이 그들의 무기로 정복했고, 또한 짐이 불꽃 튀는 칼과 승리에 찬 칼날로 정복한 흑해, 루멜리, 아나톨리아, 카라만, 그리스, 다마스쿠스, 알레포, 카이로, 메카, 메디나, 예루살렘, 아라비아, 예멘 및 그 외 다른 나라들의

술탄이자 대왕, 술탄 바예지드의 손자, 술탄 셀림의 아들인 술탄 술레이만
은······.

– 술레이만이 프랑스의 프랑수아 1세에게 보낸 편지 중에서

(《터키사 강의》에서 재인용)

술레이만 1세 이후에도 오스만 제국은 키프로스(사이프러스)와 크레
타 섬을 차지하고, 흑해 동부 연안을 장악하는 등 영토를 계속 넓혀
나갔다.

2 | 제국을 다스리는 법을 만들다

입법자 술레이만

술레이만은 약 2000만 명이 넘는 제국의 백성들을 다스렸다. 하지만 이들은 하나의 민족이 아니었다. 지배층인 튀르크인 외에도 원주민인 그리스인, 로마인과 포로로 잡혀 온 여러 지역의 사람들이 있었다. 또한 이들 사이의 결혼으로 혼혈이 생기면서 인종이나 민족은 더욱 복잡해졌다. 제국의 어느 곳에서든지 아랍인, 유대인, 기독교인, 튀르크인들이 뒤섞여 살았다. 1535년의 인구 조사에 따르면, 이스탄불의 총 가구 수 8만 가운데 무슬림 가구가 58퍼센트, 기독교인 가구가 32퍼센트, 유대인 가구가 10퍼센트를 차지할 정도였다.

이들 사이에는 종교, 언어, 풍습, 문화적인 차이가 컸다. 술레이만 1세는 이렇게 복잡한 제국을 다스리기 위해 제국의 모든 백성에게 똑같이 적용될 법을 만들도록 명령했다.

"이슬람교도든 튀르크인이든 상관없다. 법은 종교와 인종에 관계없이 모든 국민에게 공평하고 정의로워야 하느니라."

"나는 신의 수호자로서 신을 대신해서 백성을 다스릴 법을 만들 것이다. 이제부터 이슬람의 관습법(샤리아) 외에 제국의 각 지역에서 적용되던 법들을 모아 술탄의 법을 만들라."

이렇게 해서 《술레이만 법전》이 탄생했다.

《술레이만 법전》은 토지, 전쟁, 군사 제도, 지방 치안과 형벌 등 제국을 다스리는 모든 분야를 자세히 규정해 놓았다. 먼저 제국의 영토는 직할지, 자치 지역, 속국으로 나누어 다스렸다. 루멜리(트라키아)와 아나톨리아 같은 직할지에는 지방관을 파견해서 다스렸다. 이집트 등 자치 지역에는 중앙 정부에서 총독을 파견했지만, 각 지역의 유력자에게 정치를 맡겨 세금을 바치도록 했다. 이스탄불에서 멀리 떨어진 속국에는 군주 임명권만 가져갈 뿐, 나머지는 스스로 다스리도록 했다.

새로 정복한 지역에는 관리를 보내 가구 수와 가축의 수를 일일이 조사하고, 토지와 작물을 장부에 기록하게 했다. 세금을 내는 가구주와 군대에 갈 수 있는 성인 남자를 조사해서 세금을 매기고 군대에 동원하는 기준으로 삼았다.

군사 제도로는 중앙에는 예니체리 등 상비군을 두고, 지방에는 지방 영주 격인 시파히를 두어 봉토(티마르)를 주는 대신 전쟁이 일어나면 즉시 병사들을 동원하게 했다. 술탄과 각 대신들이 참여해서 중요 정책을 결정하는 디반 회의를 열었으며, 재무·사법·외무 등 각 영역별로 전문 관리를 두어 나라를 다스렸다.

'아스케르'라 불린 오스만의 지배층은 고위 관리들과 종교학자(울

레마), 장군(파샤) 등으로 구성되었고, 국가의 중요 행정이나 군사, 재판을 담당했다. '레아야'라고 불리던 피지배층은 이슬람교도든 기독교인이든 유대인이든 관계없이 모두 세금을 냈다. 다만 비이슬람교도들은 특별 인두세를 추가로 더 냈다.

이렇게 법전을 만들어 제국을 정비한 술레이만은 예배가 열리는 금요일이면 변장을 하고 몰래 모스크를 방문해 자신의 법이 잘 집행되고 있는지 지켜보았다. 그가 다스리는 동안 백성의 생활은 안정되고 경제는 크게 발달했으며, 문화가 꽃피었다. 사람들은 그를 '카누니(입법자)'라고 부르며 칭송했다.

비튀르크인, 비무슬림도 지배층이 될 수 있다

귀족 출신만이 높은 지위에 오를 수 있었던 유럽의 나라들과는 달리 오스만 제국에서는 신분 이동을 할 수 있었다. 물론 오스만 제국에도 지배층과 피지배층이 있었다. 지배층 가운데는 튀르크족 초기의 전통적인 지배층 출신뿐만 아니라 새로 정복한 영토의 지배층이나 '데브시르메' 출신도 있었다는 점이 특징이다.

'소집'이라는 뜻을 가진 '데브시르메'는 다른 민족이나 종교인 가운데 우수한 인재를 뽑는 제도로, 1380년 무라드 1세가 처음 실시했다. 데브시르메를 통해 발칸 반도나 아나톨리아의 기독교 마을에서 소집한 소년들을 예니체리 부대원으로 양성했다. 이들 중 아주 우수한 대원들은 궁전 학교에 보내 튀르크어, 아랍어, 페르시아어 등의 언어와 쿠란, 역사, 수학, 음악, 기마, 무기 다루는 법 등을 가르치고 체력을 단련시켰다. 이렇게 14년 동안 훈련을 받은 이들은 술탄의 비서나 제국의 행정 관리가 되었다. 튀르크인이 아니더라도, 무슬림이 아니더라도 능력에 따라 얼마든지 높은 관직에 오를 수 있었던 것이다. 실제로 술레이만 시대의 건축가 미마르 시난도 데브시르메 출신이었으며, 예니체리 부대에 속한 많은 군인들, 그리고 궁전의 하렘에서 일하던 흑인

데브시르메 제도 기독교 집안의 소년들을 예니체리로 선발하는 모습. 뽑힌 소년들은 사회와 격리된 채 엄격한 훈련을 받았다.

이나 백인 환관들 가운데 데브시르메 출신이 많았다.

술레이만의 치세 당시 이스탄불에 파견된 신성 로마 제국의 대사가 보기에 오스만 제국은 출생에 따른 차별이 없는 사회였다. 술탄은 누군가를 관직에 임명할 때 출신이나 계급 따위에 신경 쓰지 않았다. 오히려 그가 튀르크인이든 아니든, 무슬림이든 아니든 상관하지 않았다. 능력이 뛰어나거나 전쟁에 나가 큰 공을 세우면 얼마든지 높은 관직에 오르고 부자가 될 수 있었던 것이다. 대사의 눈에는 자신의 능력에 따라 높은 가문과 지위를 가질 수도 있고, 또 망칠 수도 있었던 오스만 제국의 모습이 낯설고도 경이로웠다. 그는 지중해를 차지하고 대제국을 건설한 오스만의 원동력이 무엇인지 이해할 수 있을 것 같았다.

3 제국의 황금 시대가 열리다

길드가 번영하다

이스탄불 시내에 있는 그랜드 바자르 남문 쪽의 구불구불한 샛길과 뒷골목에는 양철로 물건을 만드는 장인들의 '길드'가 있었다. 대부분의 장인 구역처럼 이 거리 또한 좁다란 깔때기 모양의 길에 작업장들이 죽 늘어서 있었다. 양철장이들은 용광로에서 풀무질로 달군 양철을 망치로 두들겨 냄비나 주전자, 칼, 포크 등을 만들었다.

이스탄불에는 양철 장인 외에도 푸줏간, 어부, 재봉사, 구둣방, 피혁공 등 갖가지 종류의 길드가 있었다. 또한 순경, 사형 집행인, 노예 상인뿐만 아니라, 심지어는 도둑, 노상강도, 유괴자의 길드까지 있었다. 서양 중세 시대에 발달한 길드와 같이 오스만 제국의 각 길드도 구성원들의 생계를 보호하고 친목을 도모했으며, 품질과 가격을 통제하는 등 생산 활동을 규제했다. 나아가 공동으로 기금을 모아 병든 길드 조합원을 지원하고, 장례 비용을 대거나 고인의 아내와 아이들을 도와주기도 했다.

무라드 4세 때인 17세기에는 무려 57개 부문에서 1000개가 넘는 길드가 조직되었다. 1638년에는 이란 원정을 준비하는 과정에서 이스탄불에 있는 모든 길드가 참가해 거리 행진을 하기도 했다. 각 길드는 나름의 전통적인 규정에 따라 자신들을 나타내는 의상을 입고, 여러 행동을 준비했다. 참여한 길드의 수가 많아서인지 행진은 사흘 동안 새벽부터 해질녘까지 계속되었다.

모든 길드가 마차를 타거나 걸어서 행진했다. 목수들은 목조 주택을 준비했고, 건축업자들은 벽을 쌓고, 나무꾼들은 나무를 잔뜩 싣고 지나가고 톱질하는 사람들은 나무를 켜고…… 장난감을 만드는 길드의 행렬에는 턱수염을 길렀거나 30세가 넘은 성인 남자들이 어린아이처럼 턱받이를 하고 두건을 쓰거나 보모처럼 분장했고 수염 기른 아기들이 장난감을 달라고 울거나 팽이를 돌리며 놀거나 장난감 나팔을 불었다. …… 과자를 제조하는 길드는 들것에 온갖 종류의 과자들을 싣고 행진해 구경하는 아이들의 입에 군침이 돌게 했다. 그들은 사탕이 주렁주렁 매달린 설탕나무들을 만드는 멋진 광경도 연출했다. 이렇게 이스탄불의 모든 소매상인, 도매상인, 장인 등이 차례로 행진했다.

—에울리야, 〈한 여행자의 기록〉(《이스탄불》에서 재인용)

이렇게 다양한 길드가 활발하게 활동할 정도로 오스만 제국의 상업은 크게 발달했다.

이스탄불 거리를 행진
하는 길드 행렬 은실 제
조업자, 대장장이, 조선
공, 자수업자, 마구 제
조업자, 펠트 제조업자
들의 길드 행렬이 끝없
이 이어지고 있다.

상업이 발달함에 따라 국제 무역도 발달했다. 제국의 각 지역으로
부터 농작물과 특산물이 들어왔고, 홍해를 통해 아라비아와 무역을
했으며, 지중해와 흑해를 통해서는 유럽 일대와 무역 활동을 활발하
게 펼쳐 나갔다. 커피와 담배가 오스만 제국에 전래되어 일반 사람들
에게까지 널리 유행하기도 했다.

미마르 시난, 오스만 제국의 문화를 꽃피우다

술레이만이 통치할 때는 문화도 크게 발달했다. 특히 미마르 시난이

라는 뛰어난 건축가가 오스만 제국을 대표하는 술레이마니예 모스크를 만들기도 했다.

술레이만은 이스탄불의 골든혼이 내려다보이는 높은 언덕에 서서 미마르 시난에게 자신의 이름을 딴 모스크를 지으라고 명령했다.

"술탄, 토프카프 궁전에서 가까운 곳에 모스크를 세우지요?"

"아니다. 백성들이 땀 흘려 일하며 생활하는 곳과 가까운 것이 좋아. 무료 급식소와 병원, 학교를 만들어 백성들이 쉽게 이용할 수 있었으면 한다. 그리고 모스크 옆에 나와 아내 록셀란의 무덤도 같이 만들라."

술탄의 백성을 아끼는 마음에 깊이 감탄한 시난은 눈물을 머금고 가장 멋진 모스크를 만들어 술탄에게 바칠 것을 다짐했다.

시난은 본래 튀르크인이 아니었다. 그리스 정교회식으로 요셉이라 불리던 그는 데브시르메 제도에 따라 이스탄불로 끌려와 예니체리 부대에 속하게 되었다. 처음에는 전투에 따라다니면서 군사용 다리나 요새를 만들었지만, 뛰어난 건축 실력으로 술레이만에게 발탁되었다.

시난은 이교도 출신인 자신의 능력을 한없이 믿어 주던 술탄의 기대에 부응해 가장 멋진 모스크를 지었다. 모스크의 지붕은 여러 개의 크고 작은 돔을 피라미드식으로 차곡차곡 쌓아 중앙의 큰 돔으로 모아서 만들었다. 또 모스크 안에는 많은 유리창을 만들고 색유리를 끼워 햇빛이 자연스럽

미마르 시난 동상

게 스며들게 함으로써 넓은 내부를 오묘하면서도 찬란하게 비추도록 했다. 모스크 옆에는 4개의 미나레트를 세웠다. 이렇게 해서 술레이마니예 모스크는 당당하고 웅장한 자태를 뽐내며 세워졌다. 이 건축 양식은 이후 오스만 제국에서 짓는 많은 모스크의 모델이 되었다.

99세로 생을 마칠 때까지, 시난은 300여 개의 기념물을 포함해 수많은 작품을 남기는 등 최고의 건축가로 활동했다. 이런 업적을 기려 사람들은 그를 '미마르', 즉 '건축가'로 높여 불렀다.

술레이마니예 모스크 미마르 시난이 술레이만의 명을 받아 만든 모스크로, 모스크를 중심으로 술레이만과 록셀란의 영묘가 있으며, 주변에 병원, 급식소, 신학교 등의 부속 건물이 있다.

그림 속에 나타난 술레이마니예 모스크 1582년에 건축가 조합이 술레이마니예 모스크를 지은 시난의 천재성을 기리고자 그 모형을 만들어 무라드 3세에게 보여 주고 있다.

핫트

이 외에도 술레이만의 적극적인 후원으로 건축, 그림, 서예, 타일, 직물, 금속 제품 분야에서 화려하고 훌륭한 작품들이 쏟아져 나왔다. 특히 모스크와 궁전을 장식하기 위해 타일과 카펫이 많이 만들어졌다. 니케아(이즈니크)에서는 튤립 모양이 새겨진 300여 종류의 다양한 타일이 만들어졌고, 카이세리와 카파도키아에서는 멋진 실크 카펫과 양모 카펫이 생산되었다. 궁전의 서예가들은 핫트라고 불리는 아름답고 독특한 글씨체로 쿠란을 옮겨 적기도 하고, 모스크의 입구나 벽에 직접 쓰거나 타일로 구워 장식하기도 했다. 궁정 화가들은 술탄과 관련된 이슬람 세밀화를 그렸다.

술레이만은 말년에 사랑하는 아내 록셀란 왕비를 잃었고, 술탄의 자리를 노린다는 이유로 세 아들 중 둘을 죽였다. 유일하게 살아남아 술탄의 자리에 오른 셀림 2세는 무능력한 술주정꾼이었다. 술레이만은 1566년 오스트리아가 조공을 거부하자 또다시 13번째 원정을 떠났다가 전쟁터의 마차 안에서 죽었고, 그 뒤 이스탄불의 술레이마니예 모스크에 묻혔다.

● 록셀란과 하렘의 정치 개입

술레이만의 아내 록셀란은 폴란드에서 태어났다. 예쁘지는 않지만 우아한 그녀는 현명하고 사람의 마음을 헤아릴 줄 알아 '명랑한 여인'이라는 의미의 '후렘'으로 불렸다. 술레이만은 전쟁 포로였던 그녀를 노예에서 해방시키고 결혼까지 했다. 전통적으로 오스만 제국의 술탄들은 정식 결혼을 하지 않았다. 하지만 술레이만은 그녀와 사랑에 빠져 결혼한 뒤 25년 동안 일부일처제를 지켰다.

술레이만의 총애를 등에 업은 록셀란은 하렘을 토프카프 궁전으로 옮긴 후 정치에 간섭하기 시작했다. 그녀는 다른 여자가 낳은 아들에게 반란죄를 뒤집어씌워 암살하고, 자신의 아들 셀림을

하렘과 록셀란 토프카프 궁전의 하렘은 황제와 그의 가족들이 거주하던 공간으로, 400여 개의 작은 방이 연이어 있었다. 궁전의 제2정원 안에 있다. 술레이만의 아내 록셀란은 하렘의 정치 개입을 보여 주는 대표적인 인물이다.

술탄으로 만들었다. 그러나 무능한 셀림이 술탄이 된 뒤 오스만 제국은 약화되기 시작했고, 이후 록셀란같이 하렘을 장악한 여성들이 술탄의 총애를 배경으로 자신의 아들을 술탄의 자리에 앉히려고 갖은 음모와 술수를 꾀했다.

본래 하렘은 아랍어 '하람'에서 생겨난 단어로 '종교적으로 금지된', '신성한 장소' 등의 의미를 담고 있었다. 하렘은 일반인의 출입이 금지되거나 통제되는 곳으로, 이슬람 사회에서는 가까운 친척 외에 일반 남자들은 출입할 수 없는 장소였다. 궁전 후궁의 처소뿐만 아니라 무슬림 여성들이 생활하는 공간을 모두 하렘이라고 불렀다.

토프카프 궁전의 하렘은 400여 개의 방을 가지고 있었으며, 증축을 거듭해 미로같이 복잡했다. 구불구불한 복도가 이어져 있는 가운데 갑자기 문이 나타나거나 기묘한 모퉁이나 좁은 공간이 숨어 있기도 했다. 또 필요하면 아무 데나 방을 새로 만들기도 했다. 방들은 타일과 샹들리에로 아름답게 장식되었지만, 대체로 좁고 어두웠다. 하렘은 술탄을 제외하고는 거세된 백인과 흑인 환관들만이 출입할 수 있는 곳이었다.

하렘은 전통적으로 술탄의 어머니가 관리했다. 술탄의 아이를 낳은 여성에게는 방도 여러 개 주고 하인들의 시중도 받을 수 있게 해 주었다. 하지만 대부분의 여성들은 술탄을 만날 기회조차 없이 살다가, 술탄이 죽으면 다른 궁전으로 처소를 옮겨 그곳에서 쓸쓸히 생애를 마쳤다.

4 변화가 시작되다

적자생존에서 연장자 상속으로

술레이만의 뒤를 이어 술탄이 된 셀림 2세, 무라드 3세, 메흐메트 3세 때 술탄의 권력은 급격히 약화되었다. 다행히 셀림 2세와 무라드 3세 때는 명재상 소콜루 메흐메트 파샤가 술탄을 보좌한 덕분에 영토가 계속 확장되기는 했지만, 더 이상 술탄이 직접 전쟁터에 나가지는 않았다. 영토 확장보다는 현재의 영토를 지키고 관리하는 일이 더 중요시되었고, 이 때문에 행정 관료와 군인을 중심으로 한 재상(베지르)과 장군(파샤) 가문의 세력이 강해졌다.

이렇게 술탄의 권력이 약화된 데는 오스만 제국의 왕위 계승 제도에 근본적인 원인이 있었다. 본래 오스만 제국은 술탄의 자리를 큰아들에게 물려주지 않았다. 누구든 능력이 뛰어난 사람이 술탄이 되었다. 이는 유목 민족의 전통으로 튀르크 제국과 셀주크 제국에서부터 이어지고 있었다. 술탄이 되기 전 왕자들은 각 지방에서 지방관으로 경험을 쌓았다. 술탄이 늙으면 아들들 사이에 왕위 다툼이 치열했는데, 왕위 다툼에서 승리한 왕자가 술탄이 되고 패배한 다른 형제들은 죽음을 당했다. 메흐메트 2세는 술탄이 된 후에 형제들을 죽였고, "내 아들 중 누군가가 술탄의 지위를 물려받는다면 세상의 질서를 위해 그가 형제들을 죽이는 것이 마땅하다"며 형제 살해를 제도화했다. 술레이만의 두 아들도 왕위 다툼 과정에서 죽었고, 어떤 술탄은 즉위하자마자 19명의 형제를 모두 죽이기도 했다.

이 과정에서 경험 많고 능력 있는 왕자가 술탄이 되기는 했지만, 이런 적자생존과 형제 살해는 많은 문제점을 낳았다. 술탄이 되기 위해 온갖 방법이 동원되고, 하렘의 정치 개입도 치열했다. 그러면서 능력 있는 왕자들이 죽음을 당하기도 하고, 약하고 무능한 왕자들이 술탄이 되기도 했다.

마침내 메흐메트 3세가 죽자, 왕실에는 14세의 어린 아흐메트 1세와 동생 무스타파밖에 남지 않게 되었다. 만일 아흐메트에게 문제가 생길 경우 뒤를 계승할 왕자가 없을 것을 대비해 왕실은 무스타파를 죽이지 않고 살려 두었다. 이때부터 술탄의 형제들을 죽이는 대신 '금빛 감옥'이라 불리는 '카페스'에 가두었다. '카페스'는 실제 감옥이라기보다는 술탄이 감시할 수 있는 하렘의 외지고 밀폐된 곳을 말하는데, 형제들은 노출되지 않은 채 이곳에서 살았다. 술탄이 죽으면 '카페스'에 갇혀 있던 사람 가운데 가장 나이가 많은 남자가 왕위를 이었는데, 대부분 술탄의 삼촌이나 형제가 왕위를 계승했다. 술탄이 되는 데는 보통 15년 이상을 기다려야 했으며, 심지어 39년을 기다려 술탄이 된 사람도 있었다. 덕분에 왕자들 사이의 권력 투쟁은 줄어들었지만, '카페스'에 오래 갇혀 있어서 행정에 관한 교육이나 경험이 전혀 없는 사람이 술탄이 되기도 했다. 또한 술탄이 된 다음에야 자식을 낳을 수 있었기 때문에 어린아이가 술탄이 되는 경우도 있었다.

오스만 제국의 상징, 블루모스크가 세워지다

술탄 아흐메트 1세는 어느 날 토프카프 궁전에서 말을 타고 나오다가 웅장한 자태로 멋지게 서 있는 성소피아성당을 보고 인상을 찌푸렸다. 정복자 메흐메트 2세가 4개의 미나레트를 세우고 모스크로 바꾼 뒤에는 성소피아성당에서도 이슬람식 예배가 행해지고 있었다.

하지만 14세에 즉위해 제국을 다스리기 시작한 지도 어느덧 7년째, 20세의 젊은 아흐메트 1세는 비잔티움 제국의 성소피아성당을 뛰어넘는 모스크를 짓고 싶었다. 그는 그 시대의 가장 유명한 건축가인 메흐메트 아가를 불러들였다.

"메흐메트 아가, 성소피아성당보다 더 크고 멋진 모스크를 보고 싶다."

"술탄, 소피아보다 더 큰 모스크를 지으려면 많은 돈이 드는데, 지금은 경제적으로 어렵습니다. 페르시아 쪽에서 반란이 일어나기도 했고요."

"아니다. 나는 비잔티움 제국을 넘어서는 멋진 모스크를 짓고 싶다. 특히 미나레트는 황금으로 만들어라. 그리고 모스크에 내 이름을 붙여라."

블루모스크(술탄 아흐메트 모스크)와 그 내부 모습 1609~1616년에 세워진 모스크로, 정식 명칭은
술탄 아흐메트 자미(Sultan Ahmet Camii)다. 푸른빛의 화려한 이즈니크산 도자기 타일로 장식되
어 있어 블루모스크라고 불리기도 한다. 터키의 가장 대표적인 모스크로, 오늘날 많은 관광객들이
방문하고 있다.

그리하여 8년여에 걸쳐 '술탄 아흐메트 모스크'가 건설되었다.

모스크는 전통적인 오스만 건축 양식으로 지어졌다. 중앙의 큰 돔
은 4개의 작은 돔이 받치고 있어 안정감을 준다. 중앙 돔의 지름과 높
이는 각각 23.5미터, 43미터이며, 채광과 온도 조절을 위해 설치한 창
문만 해도 260개나 되었다. 내부는 아라베스크 무늬가 새겨진 푸른색
타일과 오색찬란한 스테인드글라스로 장식되었다. 푸른색 타일은 2만
1000장 정도가 쓰였는데, 타일 한 장 값은 당시 은화 18개에 해당했
다. 260개의 창을 통해 들어오는 햇빛이 스테인드글라스, 타일과 어

우러져 시시각각 변하는 모습은 가히 환상적이었다. 이렇듯 내부의 푸른빛이 뭐라 말할 수 없을 만큼 아름답기 때문에 '블루모스크'라고도 불린다. 모스크의 뜰 가운데는 샤드르반이라는 분수대가 있었고, 모스크 옆에는 무슬림들이 기도하기 전에 손발을 닦는 수도 시설도 마련되어 있었다.

그런데 이 모스크의 미나레트는 6개나 되었다. 성소피아성당도 4개, 술레이마니예 모스크도 4개, 정복자 메흐메트 2세의 모스크조차 겨우 2개에 지나지 않는데 말이다. 술탄은 깜짝 놀라서 물었다.

"메흐메트 아가, 어찌하여 미나레트가 6개인가?"

"술탄, 미나레트를 6개 만들라 하지 않으셨나요?"

"나는 미나레트를 황금으로 만들라고 했는데……."

터키어로 6은 '알트', 황금은 '알툰'인데, 이런 비슷한 발음 때문에 오해가 생겨서 블루모스크의 미나레트가 6개가 되었다는 것이다.

이슬람 성지인 메카의 모스크만 6개의 미나레트를 가지고 있는데, 블루모스크의 미나레트가 똑같이 6개라서 이런 이야기가 생겨난 것은 아닐까. 아니면, 황금으로 미나레트를 지으면 제국의 경제가 어려워질 것을 염려한 건축가가 황금으로 된 미나레트 대신 6개의 미나레트를 지었을지도 모를 일이다.

성소피아성당 맞은편에 우뚝 서 있는 블루모스크는 많은 사람들의 탄성을 자아내는 뛰어난 건축물이지만, 오스만 제국의 입장에서는 건축비가 국가 재정에 큰 부담이 되었을 것이다. 이후 오스만 제국의 술탄은 매주 금요일 이곳에서 예배를 보았고, 지금도 예배를 보기 위해 찾아오는 이슬람교도들로 북적인다.

정체되는 오스만 제국

술탄 아흐메트 1세가 죽은 뒤 32년 동안 그의 아들 세 명이 차례로 술탄이 되었다.

14세에 술탄이 된 오스만 2세는 능력이 뛰어나 일찍부터 '제2의 파티히'로 촉망받았지만, 예니체리 부대를 견제하려다 반격을 당해 4년 만에 처형되고 말았다.

오스만 2세의 동생 무라드 4세는 12세라는 어린 나이에 술탄이 되었지만, 바그다드를 빼앗고 영토를 회복하는 등 제국을 다시 정비하기도 했다. 그는 화살로 200미터나 떨어져 있는 표적을 맞힐 정도로 무예가 뛰어났다. 금주와 금연을 실시하고 이를 어긴 자는 사형으로 엄하게 다스렸는데, 이때 2만~3만 명이 술을 마시거나 담배를 피웠다는 이유로 죽음을 당하기도 했다. 하지만 그는 28세의 젊은 나이에 세상을 떠났다. 뒤를 이어 병들고 약한 이브라힘이 술탄이 되었지만, 그 또한 8년 만에 암살당했다.

아흐메트의 세 아들 중 둘은 억울하게 죽었으며, 술탄이 되지 못한 자식들 역시 죽고 말았다. 이후 술탄의 자리는 연장자에게로 계승되었다.

이때부터 술탄은 군림하되 통치하지는 않았다. 대신에 강력한 힘을 가진 귀족 가문이 나라를 운영했다. 대표적으로 쾨프륄뤼 가문은 1656~1683년까지 술탄으로부터 권력을 위임받아 강력한 개혁 정치를 실시했다. 쾨프륄뤼 메흐메트 파샤는 1656년 재상에 임명되어 20여 년간 조정의 무능과 부패를 막는 데 힘썼으며, 아들과 사위가 뒤를

오스만 2세의 초상화 턱수염을 기르기에는 너무 젊은 나이에 죽어서 술탄의 초상화 가운데 유일하게 턱수염이 없다.

이어 재상의 자리를 차지하면서 기강이 해이해진 관료와 군부에 대한 대대적인 숙청을 단행하기도 했다.

하지만 술탄의 권력이 약화되고 귀족들이 적극적으로 정치에 개입하면서 오스만 제국은 점차 그 세력이 쇠퇴해 갔다. 권력이 중앙으로 집중되지 않고 지방으로 분산되었으며, 각 지역에서 지방 세력의 힘이 커졌다. 이는 이후 오스만 제국이 서유럽 국가들보다 뒤처지는 원인 가운데 하나가 되었다. 오스만 제국이 정체되는 사이 서유럽은 강력한 왕권을 바탕으로 관료제와 상비군을 마련하는 등 절대주의 국가로 발전했기 때문이다.

동서양의 대립,
이슬람 세밀화와 베네치아 화풍

터키를 대표하는 소설가이자 노벨 문학상 수상자인 오르한 파묵은 소설 《내 이름은 빨강》에서, 전통적인 이슬람 세밀화와 르네상스의 영향을 받은 베네치아 화풍의 대립과 갈등을 통해 동양과 서양의 문화와 세계관이 충돌하는 상황을 묘사하고 있다.

이 책은 오스만 제국의 궁정 화가인 에니시테가 베네치아를 방문한 후 기존의 세밀화 대신 베네치아 화풍을 도입해서 그림을 그리려다, 이에 반발한 엘레강스가 살해당하면서 이야기가 시작된다.

엘레강스는 평소 "베네치아 화가들의 화풍을 모방하는 것은 악마의 유혹에 빠지는 것이다. 원근법은 그림을 신의 시선으로부터 거리를 쏘다니는 개의 시선으로 격하시키고 우리의 순수성을 훼손하는 행위다"라고 주장했다.

오스만 제국의 궁정 화원에서는 16세기 말까지 이슬람 세밀화가 유행했다. 당시 세밀화가들은 책에 실린 이야기 가운데 가장 멋진 장면들을 뽑아 그림으로 그렸다. 각각의 그림들은 독립된 것이 아니라 이야기의 한 부분이었고, 사람들은 책을 읽는 동안 그림들을 보면서 눈의 피로를 씻곤 했다. 한마디로 그림은 이야기를 아름답게 만들어 주는 부속물이었다.

나아가 세밀화가들은 자신의 그림을 '신이 본 세계의 모습을 되살리는 일'이라 생각했다. 당시의 화가들은 그림을 통해 '인간의 마음속에 삶의 풍요로움과 사랑, 신이 창조한 세계의 다채로움에 대한 존경심과 신앙심을 불러일으키는 것이 중요하다'고 생각했다. 화가가 누구인지는 중요하지

《내 이름은 빨강》 표지

이슬람 세밀화와 베네치아 화풍 왼쪽은 이슬람 세밀화의 대표 작가인 비흐자드가 1488년에 그린 〈유수프의 유혹〉으로, 주인집 아내의 유혹을 뿌리치는 유수프(요셉)의 모습을 표현한 것이다. 가운데 그림은 페르시아(이란)에서 대표적인 러브 스토리의 주인공인 휘스레브와 쉬린의 이야기로, 휘스레브가 목욕하는 쉬린을 훔쳐보는 모습이다. 두 그림 모두 《내 이름은 빨강》에 중요하게 등장하는 이슬람 세밀화로, 원근법을 적용하지 않아 가까이 있는 나무나 집보다도 멀리 있는 인물이 더 크게 그려졌다. 오른쪽은 18세기 후반 인물을 있는 그대로 그리고자 한 베네치아 화풍의 영향을 받은 셀림 3세의 초상화다.

않았다.

따라서 세밀화가들은 신의 시선으로 높은 곳에서 세상의 모든 것을 내려다보듯이 화폭을 구성했다. 말, 나무, 꽃, 사람을 그릴 때도 눈에 보이는 대로 그리기보다는 신의 세상에서 볼 수 있는 가장 이상적인 모습으로 그렸다. 이를 위해 이미 대가들이 앞서 그렸던 그림을 베끼고 또 베꼈으며, 자신만의 스타일이나 개성이 드러나는 것은 오히려 그림의 결함이라고 생각했다. 또한 그림에 자신의 이름을 남기는 것은 상상할 수도 없는 천박한 행동이었다.

그런데 술탄의 대사 자격으로 베네치아에 갔던 에니시테는 어느 날 궁전 벽에 걸린 그림을 보고 깜짝 놀랐다. 어느 귀족의 초상화였는데, 얼굴 생김새와 자태가 있는 그대로 묘사되어 그 그림의 인물이 누구인지 쉽게 알 수 있었다. 그 인물 뒤로는 활짝 열린 창 너머로 농장의 풍경이 펼쳐져 있었고, 책상 위의 시계, 책, 연필, 나침반 등 온갖 잡동사니가 있는

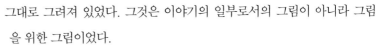

그대로 그려져 있었다. 그것은 이야기의 일부로서의 그림이 아니라 그림을 위한 그림이었다.

에니시테는 큰 충격을 받았다. 그들이 눈으로 볼 수 있는 모든 것을 눈으로 보는 것처럼 그린 그림은 너무 매력적이었다. 에니시테는 '그들은 그들이 보는 그림을 그리고, 우리는 우리가 과거에 보았던 것을 그린다'고 생각했다.

이스탄불로 돌아온 에니시테는 술탄을 설득해 '올리브', '황새', '나비'라는 예명을 가진 세 명의 세밀화가와 궁정 화원 소속 금박 세공사 '엘레강스'를 데리고 몰래 베네치아풍의 그림을 그렸다. 하지만 베네치아풍의 그림을 도입하려는 에니시테의 노력은 세밀화의 화풍을 고수하려는 궁정 화가들의 반발에 부딪쳤고, 결국은 올리브가 엘레강스와 에니시테를 죽이는 비극으로 치달았다.

이런 갈등과 대립이 진행되는 가운데 술탄들은 점차 베네치아 스타일을 더 매혹적인 것으로 여겼고, 이스탄불의 토프카프 궁전에는 '터키 세밀화풍'보다 '베네치아풍'의 술탄 초상화가 더 많이 걸리게 되었다. 이는 신의 눈으로 사물을 표현하던 전통적인 이슬람 화풍에서 인간의 눈으로 사물을 표현하는 르네상스 화풍으로 변화되는 모습을 보여 주는 것이다.

6장

개혁의 기로에 선 오스만 제국

제2차 빈 포위 공격이 실패하면서부터 오스만 제국은 정체되기 시작했다. 시민혁명과 산업혁명을 거치면서 눈부시게 발전한 유럽을 따라잡지 못하고, 술탄의 권력은 약화되었으며 영토는 줄어들었다. 러시아를 비롯한 유럽 여러 나라와의 전쟁에서 계속 패배했고, 19세기에는 발칸 반도와 이집트, 아랍 지역의 영토를 잃어버렸다. 이러한 제국의 위기를 해결하기 위해 술탄이 중심이 되어 탄지마트(개혁)를 추진했지만, 근본적인 제도 개혁이 따르지 않아 큰 성과를 거두지 못했다. 마침내 청년 오스만인들이 주도한 제1차 입헌 혁명이 성공하면서 이슬람권에서는 최초로 헌법을 만들고 의회를 여는 등 근대화를 추진했지만, 곧바로 술탄의 반동 정치로 혁명은 좌절되었다.

1683년	제2차 빈 포위 공격 실패
1699년	카를로비츠 조약 체결
1718~1730년	튤립 시대
1798년	나폴레옹의 이집트 침공
1826년	마흐무트 2세, 개혁 추진
1829년	그리스 독립
1836년	이집트 자치 획득
1839~1876년	탄지마트
1876~1878년	제1차 입헌 혁명
1878~1908년	압둘 하미드 2세의 반동 정치

1907년　영국·프랑스·러시아, 삼국협상 성립

1776년　미국, 독립 선언
1861년　미국, 남북 전쟁

1760년경　영국에서 산업혁명 시작

1840년　청, 아편 전쟁
1894년　청일 전쟁

1868년　일본, 메이지 유신
1904년　일본, 러일 전쟁

1894년　동학 농민 운동, 갑오개혁
1897년　대한제국 성립

1829년　그리스 독립

1789년　프랑스, 프랑스 혁명·인권 선언

1822년　멕시코·브라질 제국 수립

1 튤립 시대, 제국의 정체를 막아라

제2차 빈 포위 공격 실패로 제국의 정체가 시작되다

술레이만 1세의 황금 시대 이후 제국은 더 이상 발전하지 못한 채 정체되고 있었다. 재상과 장군 가문이 정치를 이끌었으며, 술탄의 권력과 중앙 정부의 통제력은 약화되었다. 예니체리 부대는 규모는 커졌지만 무능하고 부패했으며, 왕위 쟁탈전에 끼어들기도 했다. 곡물 가격이 오르는 등 물가 상승으로 민중들의 생활은 어려워졌다. 여러 종교를 믿는 다양한 민족간의 충돌도 점차 늘어났다.

반면에 유럽은 신항로 개척으로 인도 및 신대륙과의 무역이 확대되었고, 르네상스와 종교개혁 등을 거치면서 비약적으로 발전하고 있었다. 특히 신대륙에서 많은 물자와 은이 들어오면서 경제적으로 부유해졌다. 서유럽 여러 나라는 이를 바탕으로 관료제와 상비군을 만들어 왕권을 강화하고 절대주의 국가로 발전하고 있었다. 반대로 무역의 중심이 지중해에서 대서양으로 옮겨 가자 지중해를 통한 동서 무역으로 많은 이익을 얻어 오던 오스만 제국은 경제적으로 큰 타격을 입었다. 하지만 제2차 빈 포위 공격이 실패하기 전까지 오스만 제국은 여전히 세 대륙을 지배한 대제국이었고, 서유럽 국가들에게는 공포의 대상이었다.

1683년 초여름에 14만 명의 군대를 이끌고 이스탄불을 출발한 오스만 제국의 재상 카라 무스타파는 별다른 저항을 받지 않고 거침없이 진군해 7월에는 빈에 도착했으며, 순식간에 빈을 포위했다. 오스만 제국의 군대가 빈으로 쳐들어오고 있다는 소식을 전해 들은 오스트리아 황제는 가족들을 데리고 서쪽으로 도망갔고, 겨우 1200여 명의 정규군이 남아 빈을 방어했다. 사실상 빈이 함락되는 것은 시간 문제였다. 100여 년 전 술레이만 1세 때는 실패했지만 이번에는 성공해서 제국의 이름을 서유럽에 크게 떨칠 수 있는 기회가 온 것이다.

하지만 무스타파는 빈을 곧바로 공격하지 않았다. 60여 일 동안 빈을 포위한 채 스스로 항복해 오기를 기다리면서 주변의 도시들을 약탈했다. 이 사이 오스트리아 황제는 발 빠르게 서유럽 여러 나라에 도움을 요청했다. 베네치아·독일·폴란드 군대가 이에 호응해 빈으로 달려왔고, 교황은 이들에게 후원금을 주었다. 이들은 빈을 지켜 이슬람교로부터 기독교 세계를 방어하겠다는 각오로 똘똘 뭉쳤다.

9월 7일, 무스타파는 오스트리아를 돕기 위해 파견된 폴란드군이 빈 주변에 이르렀다는 보고를 받고 크게 당황했다. 무스타파는 서둘러 공격 명령을 내렸다. 화약을 파묻어 성벽을 폭파하려 했지만, 이미 8000여 명의 폴란드 구원병이 북쪽의 높은 언덕을 차지하고는 오스만

제2차 빈 포위 카라 무스타파가 이 끈 오스만 제국의 군대는 빈을 60여 일간이나 포위했지만, 오스트리아를 도우려고 온 유럽 구원군의 공격을 받아 함락에 실패했다.

군대의 진영을 아래로 서서히 조여 오고 있었다.

마침내 9월 12일, 새벽부터 시작된 전투는 서로 밀고 밀리면서 12시간 가까이 치열하게 펼쳐졌다. 오스만 군대가 성벽의 일부를 무너뜨리는 데는 성공했지만, 폴란드의 기병들이 무서운 기세로 밀어닥치면서 전투는 사실상 끝이 났다. 오스만의 부대는 그대로 무너졌고, 1만 5000여 명의 사망자를 남긴 채 뿔뿔이 흩어졌다. 사령관 무스타파도 도망쳤다.

빈 공격이 실패한 뒤 오스만 제국은 러시아와 오스트리아의 공격을 받았다. 이후 베오그라드가 함락되고 크림 반도와 흑해 연안의 도시를 점령당하는 등 패배를 거듭했다. 오스만 제국 내에서는 총사령관이었던 카라 무스타파가 사형되었고, 얼마 뒤에는 술탄 메흐메트 4세도 폐위되었다. 1699년 오스만 제국은 오스트리아, 러시아 등과 굴욕적인 카를로비츠 조약˚을 체결하고, 영토의 일부를 이들 나라에 넘겨주었다.

비록 많은 영토를 잃은 것은 아니었지만, 이때부터 오스만 제국의 영토 가운데 일부가 조금씩 줄어들기 시작했다. 이제 유럽의 여러 나라는 더 이상 오스만 제국을 두려워하지 않게 되었다. 오스만 군대가 결코 무적이 아니며, 자신들이 얼마든지 이길 수 있다고 생각했다. 이후 오스트리아와 러시아는 끊임없이 오스만 제국을 공격했다. 제2차 빈 포위 공격이 실패하면서 오스만 제국은 정체와 쇠퇴의 길로 접어들었다.

이스탄불에 튤립이 만개하다

1703년 술탄이 된 아흐메트 3세는 서유럽이 군사적으로 자신들보다 더 발전했다는 사실을 인정할 수밖에 없었다. 술탄은 재상 이브라힘 파샤와 함께 침체에 빠져 있는 오스만 제국을 발전시킬 방법을 찾았다.

그들은 먼저 파리에 외교 사절을 보내 프랑스의 기술이 오스만 제국에 도움이 되는지 조사하게 했다. 그런데 외교 사절이 돌아와서 보고한 프랑스의 발전상은 놀랍고도 충격적이었다.

"프랑스 왕 루이 14세가 파리 근교의 베르사유에 엄청나게 넓고 화려한 궁전을 지었는데, 왕과 귀족들이 날마다 파티를 열고 있었습니다."

"저희가 프랑스 왕을 알현하러 들어간 거울의 방은 천장에 화려한

● **카를로비츠 조약(1699년)** | 오스만 제국이 오스트리아, 러시아, 폴란드, 베네치아 등과 맺은 평화 조약. 오스만 제국은 이 조약을 맺음으로써 헝가리 등 발칸 반도 일대를 오스트리아에, 모레아(펠로폰네소스 반도 남부)와 에게해의 섬들을 베네치아에, 우크라이나 등을 폴란드에, 흑해 연안의 아조프 등을 러시아에 넘겨주었다.

샹들리에가 수십 개나 달려 방을 밝게 비추고 있었습니다. 유리창 반대편의 벽은 모두 거울로 장식되어, 그렇지 않아도 넓은 방이 훨씬 더 넓고 화려해 보였습니다."

"그것뿐이 아닙니다. 루이 14세가 괜히 '짐이 곧 국가다'라고 한 것이 아니었습니다. 몸에 딱 맞는 복장에 최신식 무기를 갖추고 부대별로 줄을 맞추어 훈련하는 상비군이야말로 강력한 왕권을 뒷받침해 주는 힘이었습니다."

"우리도 서구식 군사 기술을 도입하고, 무기도 바꾸어야 합니다."

술탄과 재상은 이들의 건의를 받아들여 군대를 프랑스식으로 훈련시켰다. 프랑스 군사 고문을 두어 포병 부대를 훈련시켰으며, 군사 기술 학교를 만들어 고급 장교를 길러 냈다. 또 서유럽의 지식과 기술을 알리기 위해 인쇄소를 설립하고, 도서관도 만들었다.

당시 군사 기술과 함께 유럽식 복장과 의식, 오락 등이 이스탄불에 널리 소개되었다. 술탄과 귀족들은 보스포루스 해협과 골든혼 해안에 화려한 여름 별장을 짓고 유럽식 파티와 오락을 즐겼다. 그리고 베르사유 궁전처럼 정원을 아름답게 꾸미기 위해 곳곳에 튤립˙을 심었다. 그 결과 이스탄불 시내는 튤립으로 수놓아졌다. 이후 봄의 첫 대보름날에는 튤립 축제가 열렸다. 술탄과 귀족들은 비단을 드리운 배 여러 척을 나누어 타고 보스포루스 바다 위를 유유히 떠다니며 튤립을 즐겼

● **튤립** | 아나톨리아와 흑해 주변의 터키가 원산지로 종류가 839가지나 되는데, 터키에서는 꽃잎이 가늘고 길며 바깥쪽으로 휜 화려한 모양의 튤립을 많이 심었다. 카펫이나 조각, 모스크나 궁전을 장식하는 타일 등에 튤립 무늬가 널리 사용되었다.

수상 곡예 보스포루스 해협에서 여러 척의
배를 띄우고 펼치는 수상 곡예를 술탄과 귀
족들이 구경하고 있는 모습이다.

다. 이때 이스탄불 사람들이 서구화의 상징으로 튤립을 심었기 때문
에 이 시대(1718~1730년)를 '랄레 데브리(튤립 시대)'라고 부른다.

다행히 튤립 시대에는 외국과 큰 전쟁 없이 평화가 유지되었다. 하
지만 술탄과 귀족들의 사치와 향락 때문에 나라 살림은 적자가 났고,
물가가 올라 백성의 생활은 더욱 어려워졌다.

튤립 시대에 술탄이 주도한 개혁은 주로 군사 훈련이나 무기 개선
등 군대 개혁에만 치우쳐 근본적인 제도 개혁으로까지 이어지지는 못
했고, 유럽식 생활 양식 또한 상류층에서 유행하는 데 그쳤다.

결국 이런 방식의 개혁은 반발에 부딪치고 말았다. 특히 군대 개혁

에 대해 예니체리 부대가 강력하게 저항했다.

"제국을 개혁한다더니 겨우 튤립이나 심고 프랑스식 놀이나 유행시키는 게 개혁인가?"

"그러게 말이야. 오히려 이스탄불을 꾸미느라 들어간 돈과 귀족들의 호화 생활이 더 큰 문제 아닌가?"

"서양식 군복을 입고, 외국인 교관이 와서 훈련시킨다고 군대가 근대화되나?"

1730년 9월 28일, 예니체리 부대가 반란을 일으켰다. 이들의 반란으로 아흐메트 3세가 물러나고, 튤립 시대도 끝이 났다. 물론 반란에 참여한 7000여 명의 예니체리도 처형되었다. 뒤를 이어 여러 술탄이 군대를 서구식으로 개혁하거나 제국의 안정을 꾀하는 데 힘썼지만, 이들도 보수 세력의 반발에 부딪쳐 쫓겨나거나 죽음을 당하는 등 개혁은 계속 실패했다.

그림자 인형극을 보고 커피를 마시다

지배층이 튤립을 심고 유럽식 문화를 즐기는 동안 일반 사람들은 그림자 인형극 '카라괴즈(검은 눈)'를 보며 온갖 시름을 잊었다. 밤이 되면 마을 공터에 얇고 흰 스크린이 세워지고 사람들이 모여들었다. 스크린 뒤에서는 인형 조종사들이 동물 가죽을 벗겨 내어 종이처럼 얇게 자르고 여러 색을 칠해서 만든 그림자 인형들을 움직여 가며 이야기를 풀어 나갔다.

인형극에는 신사, 시골 사람, 아르메니아인, 유대인 등 오스만 제국

터키 전통 그림자극과 그림자 인형 무식하고 욕을 잘하며 직설적인 카라괴즈와 거만하고 잘난 척
하며 얌체 같은 하쉬바트가 걸쭉하게 주고받는 풍자와 해학 넘치는 대사가 일품이다. 요즘도 라마
단 기간에 금식의 고통을 겪는 시민들을 위해 길거리에서 공연한다. 부르사에 그림자극 전용 극장
이 있다.

의 다양한 사람들이 등장했다. 사랑, 정치, 어리석음, 현명함 등의 갖
가지 주제가 공연되었고, 중간에 현실을 풍자하는 이야기도 즉흥적으
로 덧붙여졌다. 워낙 유명한 이야기들이야 이미 알고 있었지만, 사람
들은 인형들의 입을 빌려 말하는 이야기꾼의 재담에 웃고 울고 한숨
쉬고 주먹을 불끈 쥐기도 했다. '카라괴즈'는 이렇듯 서민들의 생활
을 어루만지는 인기 있는 오락 가운데 하나였다.

또한 사람들은 '카웨(kahve)'에 모여 커피를 즐기기 시작했다. 에티
오피아가 원산지인 커피는 15세기 중엽 오스만 제국에 전래되었다.
커피는 본래 포도주나 술을 의미하는 '카와(kahwa)'라는 아랍어에서
유래한 말로, 술처럼 사람을 취하게 만드는 마력이 있었다. 특히 메블
라나의 수피즘●을 믿는 사람들이 커피를 마시고 춤을 추면서 몰아 상

태에 빠지자, 이를 둘러싸고 찬반 논쟁이 벌어졌다. 애호가들은 커피가 신의 은혜요 신에게 가까이 다가가게 하는 매개체라고 주장했고, 반대론자들은 이성을 마비시키고 쾌락을 즐기는 사탄의 음료라고 맞섰다. 하지만 고혹적인 향과 색깔, 이국적인 감칠맛이 많은 사람들을 매혹시켰고, 커피를 마시는 카웨가 이스탄불 시내 곳곳에 생겨났다.

　카웨가 번창하면서 사람들의 생활에도 많은 변화가 나타났다. 본래 모스크에 가는 날을 제외하고는 밤에 외출을 거의 하지 않던 사람들이 커피의 신기한 맛에 끌려 밤 나들이를 즐긴 것이다. 사회적 지위나 신분에 관계없이 옹기종기 모여 '끓어오르는 검은 색깔의 음료'를 마셨다. 카웨는 손님을 접대하는 사교장이 되기도 하고, 시인이나 작가가 새 작품을 선보이는 무대가 되기도 했다. 수많은 정보가 교환되고, 정치적인 사건이 토론되었으며, 술탄을 비판하는 장소가 되기도 했다. 실제로 카웨가 반란자들의 집결 장소로 이용되어 강제로 폐쇄되는 일도 있었다.

　카웨에서 유래한 것이 오늘날의 카페(café)다. 세계적으로 유명한 비엔나 커피는 오스만 제국의 군인들이 빈(비엔나)에서 급하게 후퇴하면서 버리고 간 자루에 담긴 커피가 서구인들에게 전해지면서 만들어진 것이라고 한다.

● **수피즘** | 금욕과 고행을 중시하고 청빈한 생활을 이상으로 하는, 신비주의적인 경향을 띤 이슬람교의 한 종파.

2 | 유럽의 침략을 받다

'유럽의 병자'라 불리다

"여러 제국 가운데 환자가 있다."

1851년 페테르부르크 궁전에서 영국 대사를 만난 러시아 황제 니콜라이 1세는 오스만 제국을 '유럽의 병자'라고 비꼬았다. 세 대륙을 주름잡고 동지중해를 호수로 삼으면서 서유럽 세계를 공포에 떨게 했던 오스만 제국의 영광은 과거의 것이 되어 버렸다. 이제 유럽의 놀림감이 되었고, 심지어 작은 나라인 그리스와의 싸움에서도 쩔쩔매는 종이호랑이로 풍자되었다. 유럽의 여러 나라가 시민혁명과 산업혁명을 거치면서 근대 국가로 발전하고 있었던 데 비해 오스만 제국은 정체와 후퇴를 거듭하고 있었기 때문이다.

제2차 빈 포위 공격이 실패한 이후 18~19세기 동안 오스만 제국은 유럽 여러 나라의 침략에 의해 많은 영토를 잃었다. 1768년부터 여러

유럽의 병자처럼 취급받는 오스만 제국 계속
되는 전쟁에서 패배해 영토가 축소되면서 신
생 독립국인 그리스에게도 조롱받는 처지가
된 오스만 제국의 모습을 그린 풍자화다.

차례 러시아의 침략을 받아 흑해 연안을 빼앗겼으며, 19세기 내내 러
시아, 영국, 프랑스 등 열강의 침략을 받았다.

오스만 제국의 영토였던 이집트는 1798년 프랑스 나폴레옹의 침략
을 받았다. 혼자 힘으로는 도저히 프랑스군을 막아 낼 수 없었던 오스
만 제국은 러시아와 영국에 도움을 요청했고, 두 나라의 도움을 받고
서야 나폴레옹을 겨우 물리칠 수 있었다(1798~1801년). 하지만 이를
빌미로 영국이 이집트를, 러시아가 그리스 남부를 차지하려 하자, 이
번에는 반대로 프랑스의 도움을 받아 영국과 러시아의 침략을 막아
냈다(1806~1812년). 이 과정에서 영국과 프랑스, 러시아, 독일은 서로
경쟁하고 협력하면서 계속 오스만 제국을 위협했다.

10여 년에 걸쳐 열강의 침략이 계속되는 동안 제국 내의 각 지역에

서는 여러 민족이 독립운동을 전개했다. 먼저, 그리스가 독립을 선언하고 반란을 일으켰다. 술탄 마흐무트 2세가 이집트와 함께 그리스를 협공하자, 유럽 각국은 '유럽 문명의 뿌리를 지키자'는 명분을 내걸고 의용군을 조직해 그리스를 지원했다. 바이런 같은 유럽의 지식인이나 문학가들도 적극적으로 의용군에 참여했다. 결국 오스만 제국은 유럽 여러 나라의 압력에 굴복할 수밖에 없었고, 그리스는 독립을 쟁취했다(1829년). 그리스가 독립하자 발칸 반도의 세르비아나 불가리아 같은 지역도 독립운동을 일으켰다. 나아가 이러한 혼란을 틈타 같은 이슬람 지역인 이집트마저도 반기를 들었다. 이집트는 무함마드 알리의 지휘 아래 시리아를 점령하고 동지중해와 아라비아 지역에 대한 지배권을 가져갔으며, 군대를 이끌고 와 이스탄불까지 위협했다. 오스만 제국은 안팎의 침략과 반란으로 인구와 영토가 계속 줄어드는 등 몸살을 앓았다.

제국의 영토가 계속 축소되다

오스만 제국은 19세기 후반에도 내내 러시아의 침략을 받았다. 1853년에는 남하 정책을 추진하던 러시아가 흑해 연안의 크림 반도까지 침략해 와 크림 전쟁*이 일어났다. 크림 전쟁은 3년 동안 계속되었고, 오스만 제국은 러시아의 팽창을 경계한 영국과 프랑스의 도움으로 가

● **크림 전쟁** | 크림 전쟁에서 부상당한 영국군들은 이스탄불로 옮겨져 피렌체의 나이팅게일을 비롯한 간호사들의 보살핌을 받았다. 이때부터 적군, 아군 구별 없이 부상당한 병사들을 치료해 주는 국제적십자회의 활동이 시작되었다.

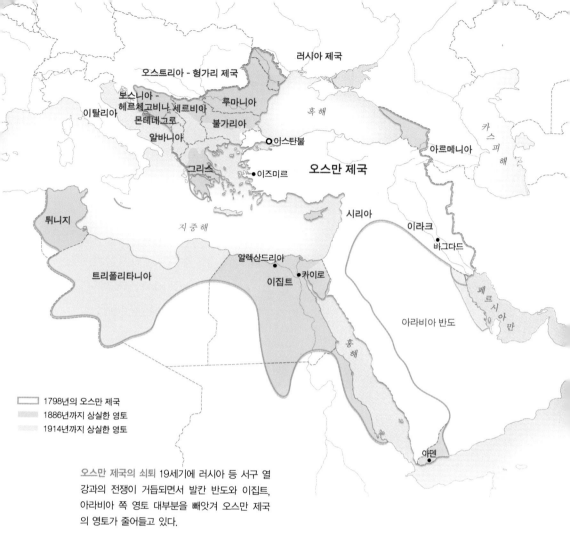

▭	1798년의 오스만 제국
▨	1886년까지 상실한 영토
▨	1914년까지 상실한 영토

오스만 제국의 쇠퇴 19세기에 러시아 등 서구 열강과의 전쟁이 거듭되면서 발칸 반도와 이집트, 아라비아 쪽 영토 대부분을 빼앗겨 오스만 제국의 영토가 줄어들고 있다.

까스로 영토를 지킬 수 있었다.

1877년에 다시 러시아가 발칸 반도를 공격해 아드리아노플을 점령하고 불가리아까지 쳐들어오자, 이번에도 오스만 제국은 영국과 프랑스의 도움을 받고서야 러시아를 막아 낼 수 있었다. 전쟁이 끝나면서 오스만 제국은 이들 열강과 베를린 조약을 맺었다. 이후 조약 내용에 따라 오스만 제국은 먼저 러시아에 거액의 전쟁 배상금을 지불했다. 또한 프랑스는 알제리와 튀니지를 차지하고, 영국은 이집트와 키프로스(사이프러스)를 점령했다. 발칸 반도의 슬라브족들은 러시아의 도움을 받아 세르비아, 루마니아같이 독립하거나 불가리아처럼 자치령이 되었다. 이처럼 오스만 제국 전체 인구 가운데 50퍼센트를 차지했던 발칸 반도 지역의 상당 부분을 잃음으로써 이 지역이 제국에서 차지하는 비중은 20퍼센트 정도로 줄어들었다.

이렇게 18~19세기 동안 오스만 제국은 유럽 열강과의 전쟁에서 패배를 거듭하면서 전성기에 비해 영토의 40퍼센트, 인구의 20퍼센트가 축소되는 등의 위기를 맞았다.

위기가 계속되자 제국 안팎에서는 제국을 개혁하기 위한 노력들이 활발하게 이루어졌다. 술탄과 서구식 교육을 받은 관료들은 군사 제도나 교육 제도의 개혁 등 위로부터의 개혁을 추진했고, 청년 오스만인이라 불리던 젊은 지식인들은 입헌군주제와 헌법 제정, 의회 제도 도입 등 오스만 제국을 근본적으로 수술하기 위한 입헌 혁명을 추진했다.

3 술탄 주도로 탄지마트를 추진하다

예니체리를 해체하고 페즈를 착용하라

국가적 위기에 빠진 오스만 제국을 개혁하는 데 앞장선 대표적인 술탄은 마흐무트 2세였다. 우수한 서양 무기를 사용하는 서양식 군대 때문에 제국이 계속 패배한다고 생각한 마흐무트 2세는 고민이 깊어졌다.

'제국의 위기를 막기 위해 내가 할 수 있는 일이 과연 무엇일까?'

술탄은 군대를 개혁하는 것만이 제국이 살길이라고 생각했다.

'하지만 이미 몇 명의 술탄이 군대 개혁을 추진했다가 실패하지 않았는가?'

실제로 셀림 3세는 예니체리를 개혁하는 것은 불가능하다고 보고 '니자미 제디드'라는 이름의 신식 군대를 조직하다가 폐위된 뒤에 살해당하기도 했다.

'좋아! 우선 예니체리를 해체하고, 유럽식 신식 군대를 만들자.'

당시 예니체리는 13만 5000명에 달했는데, 부정부패와 군사력의 약화, 봉급 지급에 따른 재정 압박 등으로 제국의 발전에 걸림돌이 되고 있었다.

술탄이 새로운 군대를 조직한다는 사실이 알려지자, 1826년 6월 14일 밤 예니체리는 전통적인 방식대로 솥을 뒤집고 두드리면서 반란을 일으켰다.

"무엇이라고? 술탄께서 우리에게 해산을 명령했다고? 그냥 당하고 있을 수만은 없지. 모두 궁전으로 가서 마흐무트를 몰아내고 새 술탄을 세우자."

"게다가 군대를 근대적으로 개혁한다고 하면서 우리 예니체리를 해체하려고 들어? 우리는 오스만 제국의 역사야. 지금까지 영토를 넓히고 유지하는 일이 우리 힘 없이 가능했겠어?"

해체를 눈앞에 두고 술렁거리던 예니체리 병사들은 너나 할 것 없이 손에 무기를 들고 궁전으로 가기 위해 막사를 나섰다. 그러나 병사들의 반란을 예상한 술탄이 미리 설치해 둔 수십 대의 대포로 포격을 퍼붓는 바람에, 막사는 순식간에 연기가 피어오르면서 폐허로 변해 버리고 말았다. 병사들 수천 명이 죽었고, 나머지는 달아났다가 시가지와 성벽 밖의 숲이나 굴에서 죽은 채 발견되었다. 살아남은 자들은 포로로 끌려와 블루모스크 앞마당에서 교수형을 당한 뒤 토프카프 궁전의 예니체리 나무 밑에 던져졌다. 예니체리 병사들의 반란은 술탄의 재빠른 대응으로 순식간에 진압되었다. 이로써 제국이 건국되면서 만들어져 500년 가까이 유지되던 오스만 제국의 군대 예니체리는 마침내 해체되었다.

마흐무트 2세 술탄 마흐무트는 오스만 제국을 근대화하기 위해 터번과 이슬람 복장 대신 페즈와 현대식 제복을 입게 했다.

술탄은 곧바로 '무함마드의 승리한 용사(아사키리 만수레이 무함메디예)'라고 부르는 신식 군대를 만들었다.

"신식 군대는 유럽식 복장을 하고, 유럽식 무기를 갖도록 하라. 터번을 금하라. 그리고 유럽인 군사 교관을 불러와 훈련을 받도록 하라."

술탄의 명에 따라 신식 군대는 머리칼을 바싹 자르고 빨간 페즈˙를 썼으며, 단추가 달린 튜닉에 빨간 줄을 덧댄 파란 바지를 입고 술이 달린 견장(직위나 계급을 밝히는 표지)을 달았다. 그러고는 독일(프로이

◉ **페즈** | 터키식 모자로, 무스타파 케말 때 페즈 착용 금지법이 시행되면서 폐지되었다.

페즈를 쓴 관료들 다양한 터번과 예복을 벗고 페즈를 쓰고 같은 복장을 한 채 토프카프 궁전에 도열한 궁전 관료들의 모습에서 사회의 변화를 확인할 수 있다.

센) 장교들을 교관으로 삼아 서구식 군사 훈련을 받았다. 해군 또한 미국과 영국의 지원 아래 군함을 새로 만들고 함대를 다시 편성했다. 무엇보다 먼저 복장을 서구식으로 바꾼 이유는 예전과 같은 전통적인 복장과 터번 착용으로는 민첩하게 군사 행동을 할 수 없다고 판단했기 때문이다. 새로 조직된 신식 군대는 타락한 예니체리와는 달리 술탄에 대한 충성심이 높았다.

이렇게 군대 개혁에 성공한 술탄은 의복 개혁도 추진했다.

1829년, 술탄은 제국의 사람들에게 "페즈를 착용하라"고 명령했다.

페즈는 본래 모로코 등에서 남자들이 주로 쓰던 모자로, 붉은 원통 위에 검은 술이 달린 챙이 없는 모자였다. 이전의 복잡하고 장식적인 터번 대신 이렇게 단순한 모로코식 모자를 쓰게 함으로써 의복을 근대화하려 했던 것이다.

술탄은 "성직자를 제외한 모든 관료와 백성들은 구식 의복을 입거나 머리에 터번을 쓰지 못하도록 하라"는 명령을 내렸다. 먼저 술탄 자신부터 공식 회견이나 행사 때 검정색 프록코트와 코사크 바지를 입었으며, 검은색 장화를 신고 빨간색 페즈를 썼다. 모든 관리에게도 같은 복장을 하도록 명령했다. 이로써 복장으로 사람의 직업이나 지위, 종교를 구별해서 차별하는 일은 없어졌다. 이제 페즈는 근대화와 서구화의 상징이 되었다.

탄지마트를 실시하다

마흐무트 2세의 개혁을 이어 압둘 마지드 1세와 압둘 아지즈 때는 탄지마트(1839~1876년)가 추진되었다. 탄지마트는 '개혁'이라는 뜻의 터키어로, 1839년에 추진된 '하트 세리프(성령)'와 1856년에 추진된 '하트 휘마윤'을 통틀어 말한다. 특히 하트 세리프는 귈하네에서 발표되었다고 해서 '귈하네 칙령'이라고도 부르며, 하트 휘마윤은 술탄이 국정 운영을 위해 발표한 칙령을 뜻한다.

1839년 11월 3일, 이스탄불 토프카프 궁정의 정자 귈하네(장미의 방)에는 외무 장관과 고위 관리, 외국 대사, 일반 시민 들이 모여 웅성거리고 있었다.

'무슨 일일까? 왜 술탄이 우리를 소집했을까?'

모두들 영문을 모르겠다는 표정이었다. 잠시 후, 술탄 압둘 마지드

탄지마트 칙령 발표 술탄 압둘 마지드 1세는 서구식 근대화를 이루기 위해 행정뿐만 아니라 군사·토지 제도 등의 각종 제도를 개혁하는 칙령을 발표했다.

1세가 나타나자 정자 안은 순식간에 쥐 죽은 듯이 조용해졌다. 술탄은 사람들을 한번 둘러본 뒤에 칙령을 발표했다.

"나는 개화된 군주로서 제국을 통치할 것이다. 지금부터 무슬림, 기독교인, 유대인 할 것 없이 모든 백성의 생명과 재산을 평등하게 보호할 것이며, 조세 제도를 고쳐 공정하게 세금을 거둘 것이다."

사람들은 술렁였다.

술렁거림 사이로 술탄의 목소리가 이어졌다.

"징병 제도를 도입해서 공정하게 군인을 불러 모으도록 하겠다. 그리고 유럽식 교육 제도를 들여와 교육부를 설치해서 인재를 양성하겠다."

술탄의 귈하네 칙령에 따라 제국은 개혁에 박차를 가했다. 유럽의 제도를 모델로 삼아 각 분야에서 서구화를 추진했다.

먼저 제국의 주민은 민족이나 종교에 관계없이 생명과 재산을 보호받고 제국의 국민으로 인정받았으며, 대신에 군대에 가고 세금을 내는 의무를 지게 되었다.

다음으로 경찰서와 소방서, 우체국이 만들어졌다. 특히 우체국의 우편과 전보를 통해 중앙과 지방의 상황이 빠르게 전달되었다. 이렇게 정비된 빠른 전신망은 이후 무스타파 케말의 국민의회가 터키 공화국을 수립하는 데 큰 영향을 주었다. 도로와 철도가 만들어지고 밤길을 밝히는 가로등이 설치되었으며, 하수구가 정비되었다. 도시는 하루가 다르게 모습이 바뀌었다.

법률 제도도 바뀌었다. 이슬람의 종교법이나 각 밀레트의 관습법에 따라 종교 법정(셰리아트 법정)에서 담당했던 결혼, 이혼, 상속 등 개인적인 일들에 대한 재판은 새로운 법에 따라 세속 법정에서 다루게 되었다. 이로써 종교법에 따른 종교 법정과 새 법에 따른 세속 법정이 동시에 존재했으며, 점차 후자가 더 중요해졌다.

또 교육 제도도 개혁되었다. 종교 교육을 하는 메드레세 대신에 유럽식 세속 학교가 만들어지고 교육부가 설치되었다. 전국 곳곳에 해군 학교, 군사 학교, 기술 학교, 의과 대학 등 다양한 종류의 학교가 세워졌다. 1869년에는 초등학교의 무상 의무 교육이 추진되기도 했다. 개혁은 압둘 아지즈 때도 이어졌다.

하지만 이러한 개혁은 결국 실패했다. 개혁을 추진하는 데 필요한 전문 인력과 자본이 부족했기 때문이다. 개혁을 못마땅하게 여긴 보수주의자들은 이슬람교의 정신과 기본 질서를 파괴한다며 강력하게 저항했다. 뿐만 아니라 학교를 세우거나 도로나 철도를 건설하는 과정에서 빌린 외채 때문에 경제적으로도 위기를 맞았다. 가장 결정적인 원인은 의회나 입헌군주제 같은 근본적인 제도 개혁 없이, 술탄의 전제군주제는 그대로 둔 채 서구식 기술이나 제도만을 도입하려 했던데 있다.

때마침 1876년에 일어난 오스만-러시아 전쟁에서 오스만 제국이 패할 가능성이 커지고 유럽 열강의 간섭도 심해지자 탄지마트는 위기를 맞았다. 군대를 양성하고 근대식 제도를 도입했지만 여전히 오스만 제국은 서구 열강의 위협과 침략을 효과적으로 막아 내지 못했던 것이다. 비록 큰 성과를 거두지는 못했더라도 탄지마트를 통해 유럽의 책과 신문 등이 제국에 소개되면서 근대적 사상을 접한 젊은 지식인이 성장하는 계기가 되었고, 이는 이후 지속적인 개혁이 추진되는 밑바탕이 되었다.

● 돌마바흐체 궁전

압둘 마지드 1세는 서구화를 지향하고 국력을 새롭게 갖출 목적으로 보스포루스 해안에 돌마바흐체 궁전을 지었다. '정원으로 가득 찬 곳'이라는 뜻을 가진 돌마바흐체 궁전은 본래 아흐메트 1세가 정자와 정원을 꾸몄던 곳인데, 1814년에 화재로 정자와 정원이 타 버리자 프랑스의 베르사유 궁전을 모방해 다시 지은 것

돌마바흐체 궁전 프랑스
의 베르사유 궁전을 모
방해서 지은 이 궁전에
는 화려한 실내 장식을
자랑하는 방들이 많다.

돌마바흐체 궁전의 샹
들리에 19세기 오스만
제국의 화려함을 보여
준다.

이다. 건축가 가라베트 발얀과 그의 아들 니코고스 발얀의 설계로 1843년부터 1856년에 걸쳐 완공한 궁전에는 250개가 넘는 방과 43개의 홀이 있었다. 각 방은 저마다 다른 분위기의 실내 장식으로 화려하게 꾸며졌는데, 여기에 금 14톤과 은 40톤이 사용되었다고 한다. 탁 트인 홀에 매달린 수정 상들리에는 영국의 빅토리아 여왕이 보낸 것으로, 4.5톤의 무게에 750개의 촛불 램프가 매달려 있다. 유럽에서 보내온 수많은 보석과 도자기, 그릇들이 전시되어 있어 호화롭고 화려했던 당시의 생활 모습을 엿볼수 있다. 하지만 이 궁전을 짓는 데 든 막대한 비용 때문에 국가의 재정은 더욱 어려워졌다.

이곳에서 제1차 입헌 혁명 때인 1877년 오스만 제국 사상 처음으로 의회가 열렸으며, 1938년에는 터키 공화국의 초대 대통령인 무스타파 케말이 사망하기도 했다.

4 | 제1차 입헌 혁명이 좌절되다

청년 오스만인, 최초로 헌법을 만들고 의회를 열다

술탄이 주도하는 탄지마트가 추진되던 1867년에서 1871년 사이에 파리와 런던에서는 오스만의 젊은 청년들이 활발하게 활동하고 있었다. 이들은 오스만 제국을 유럽 열강과 동등한 나라로 발전시키기 위해 청년 오스만 운동을 펼쳤다. 이 운동을 가장 적극적으로 이끈 사람은 나믁 케말이었다.

나믁 케말은 탄지마트식 근대화를 비판했다.

"술탄의 전제 정치는 그대로 둔 채 군대나 법률만 개혁하려고 한 탄지마트는 한계가 있을 수밖에 없습니다."

나믁 케말의 이러한 주장은 청년 오스만인들의 지지를 받았다.

"맞습니다. 보십시오, 군대를 서구식으로 훈련시켜도 여전히 우리는 러시아의 공격을 막아 내지 못하고 있지 않습니까?"

"그렇습니다. 도로를 만들고 교육을 바꾼다고 오스만 제국의 분열과 해체를 막을 수는 없습니다. 제국 내의 모든 국민을 하나로 통합하기 위해서는 헌법을 제정하고 의회를 구성해야 합니다. 국민에게 스스로 대표를 뽑을 수 있는 참정권도 주어야 합니다."

이렇듯 청년 오스만인들은 술탄의 전제 정치를 제한하는 입헌군주제를 주장했다. 이들은 자유와 입헌 혁명을 옹호하기 위해 잡지나 신문을 발행했으며, 술탄의 감시와 탄압으로 국내 활동이 어려웠기 때문에 주로 파리와 런던에서 활동했다.

그러던 중 우리나라에서 강화도 조약이 체결되던 해인 1876년 5월 30일, 이스탄불에서 미드하트 파샤와 장교들이 술탄 압둘 아지즈의 전제 정치를 비판하며 쿠데타를 일으켰다. 신식 군대와 해군 장교들, 신학대학생 등 많은 지식인이 이 쿠데타를 적극적으로 지지했다. 결국 술탄 압둘 아지즈는 폐위되고, 새 내각이 구성되었다. 새 내각은 압둘 하미드 2세에게 술탄이 되는 조건으로 의회 제도 도입과 헌법 제정을 요구했다.

이해 12월 23일, 이스탄불의 돌마바흐체 궁전 앞 광장에 많은 사람들이 모였다. 가랑비가 내리는 가운데 술탄 압둘 하미드 2세는 오스만 제국 역사상 최초의 성문헌법인 '미드하트 헌법'을 공포하는 역사적인 의식을 거행했다. 헌법이 공포되자 많은 사람들이 페즈를 하늘 높이 던지면서 환호성을 질렀고, 오스만 제국의 새로운 출발을 서로 축하했다. 제1차 입헌 혁명이 성공한 것이다.

오스만 제국의 최초 헌법은 모두 113조로 이루어졌다. 헌법은 프랑스의 것을 참고로, 프랑스 혁명에서 실현하려던 민주주의의 기본 원

돌마바흐체 궁전에서 열린 최초의 회의 오스만 제국 최초의 헌법에 따라 선출된 의원들이 돌마바흐체 궁전에 모여 최초로 의회를 열고 있다.

리를 담았다. 먼저 술탄의 권한을 헌법과 의회의 힘으로 제한하는 입헌군주제를 도입했다. 의회를 구성하되, 하원의원은 국민이 직접 선출하고 상원의원은 술탄이 임명하도록 했다. 사법부를 독립시키고 내각을 구성했다. 입법, 사법, 행정의 삼권 분립을 실현한 것이다. 제국 내 모든 국민에게 종교의 자유와 표현의 자유, 법 앞에서의 평등을 보장했다.

이렇게 공포된 헌법에 따라 1877년 3월 19일, 돌마바흐체 궁전에서 오스만 제국 최초의 의회가 열렸다. 비록 국민이 주권을 갖는다는 항목이 없고, 술탄이 여전히 비상계엄권 등을 가졌으며, 이슬람교가 국교로 남아 있긴 했지만.

이제 오스만 제국은 이슬람권에서는 최초로 의회와 헌법을 가진 입헌군주국이 되었다. 일본의 메이지 유신과 같이 오스만 제국도 스스로의 힘으로 제도 개혁을 이루어 나라를 근대화하려는 첫걸음을 내디딘 것이다.

제1차 입헌 혁명, 압둘 하미드 2세의 반동 정치로 실패하다

근대화의 길은 쉽지 않았다. 의회가 열리는 동안 오스만-러시아 전쟁에서 패할 가능성이 커지면서 개혁은 심각한 위기를 맞았다. 이을드즈 궁전에서 술탄이 참석한 가운데 대책을 의논하는 특별 회의가 열렸다. 이때 의회 의원 한 명이 술탄을 향해 비난을 퍼부었다.

"술탄은 우리에게 너무 늦게 요청했습니다. 대책 회의가 제때 이루어지지 못했기 때문에 패배를 막기에는 이미 늦었습니다."

술탄은 전쟁의 패배 원인을 자신에게 돌리는 듯한 발언을 듣자 몹시 화가 났다.

"왜 러시아와의 전쟁에서 패배한 책임을 나에게만 묻는가? 술탄의 권위를 이렇게 무시해도 되는 건가? 이 모든 것이 헌법을 만들고 의회를 구성했기 때문이야. 여러 사람이 저마다 자기주장만 앞세우니 배가 산으로 갈 수밖에."

결국 술탄 압둘 하미드 2세는 1878년 2월 14일에 의회를 해산시켜 버렸다. 해산된 의회는 1908년까지 다시 열리지 않았고, 제1차 입헌 혁명은 실패로 끝나고 말았다. 공식적으로는 헌법이 폐지되지 않았지만 실제로는 더 이상 의회가 소집되지 않은 채 술탄의 독재 정치가 행해졌다. 이렇듯 이슬람권 최초의 입헌 혁명은 일단 실패했다. 권력이 축소되는 것을 받아들이기 어려웠던 술탄의 반동 정치와 제국주의 열강들의 끊임없는 침략이 맞물렸기 때문이다.

당연히 많은 사람들이 술탄의 독재에 저항했다. 술탄은 경찰과 첩자들을 이용해 이들을 감시하고 추방했다. 술탄의 탄압을 피해 많은 사람들이 영국, 프랑스, 독일 등으로 망명을 떠났다.

　그런데도 술탄은 탄지마트식 개혁을 계속 추진했다. 이에 따라 제국 전체에 도로와 철도가 건설되었다. 서유럽에서 이스탄불까지 철도가 연결되어, 1888년 8월 12일 첫 번째 오리엔트 특급 열차가 이스탄불에 들어왔다. 사르케지역이 세워졌고, 여행객들을 위한 페라 팔라스 호텔이 지어졌다. 이스탄불에서 바그다드를 연결하는 철도와 다마스쿠스와 메디나를 연결하는 히자즈 철도도 건설되었다. 이스탄불과 에디르네는 빈을 경유해 유럽의 철도망과 연결되었고, 이스탄불에서 앙카라나 콘야로 연결되는 철도도 건설되었다. 이제 제국은 철도망을 통해 여러 지역끼리 서로 연결되었을 뿐만 아니라, 유럽과도 직접 연결되었다.

　또한 술탄은 범이슬람주의 운동을 펼쳐 "열강의 침략에 대항해 모든 이슬람 국가들이 칼리프를 중심으로 단결하자"고 호소했다. 이를 통해 안으로는 서구식 입헌공화국을 주장하는 개혁파를 견제하고, 밖으로는 발칸 반도에서 전개되는 범슬라브주의 운동을 억압하면서 아프리카에서 반유럽 투쟁을 이끌었다.

　이러한 정책은 어느 정도 성과를 거두었다. 프랑스와 영국에게 튀니지와 이집트를 점령당한 것을 제외하고는 1908년까지 영토를 더 이상 잃지는 않았다. 이 기간 동안 술탄의 정치를 방해하지 않는다는 조건 아래 신문이나 잡지가 많이 발행되었으며, 이는 이후 입헌 정치가 부활하고 민주주의가 확대되는 기반이 되었다.

오리엔트 특급 열차가
오스만 제국을 달리다

벨기에의 명탐정 포아로는 일요일 새벽 시리아의 알레포에서 '타울러스 특급' 열차를 탔다. 열차 안에는 젊은 영국 여성이 있었는데, 그녀는 목요일에 바그다드에서 기차를 탔다. 열차는 당일 밤 11시 30분쯤 콘야에 도착해서 손님을 태운 뒤, 다음날인 월요일 7시경에 이스탄불에 도착했다. 포아로는 이스탄불에서 내려 배를 타고 보스포루스 해협을 건넌 뒤 사르케지역에서 9시에 출발하는 오리엔트 특급 열차를 탔다. 열차에는 이스탄불–칼레행이라고 쓰여 있었다. 이스탄불을 출발한 열차는 다음 날 저녁 베오그라드역에서 아테네에서 출발한 다른 객차와 연결되었다. 열차는 목요일에 프랑스의 칼레에 도착할 예정이었다. 칼레에서 배를 타고 도버 해협을 건너면 다시 열차로 런던까지 연결되었다. 일주일쯤이면 오리엔트 특급 열차로 아라비아의 바그다드에서 영국의 런던까지 갈 수 있었던 것이다.

열차는 아주 쾌적하고 시설이 훌륭했다. 침대가 있는 객실은 양탄자와 벨벳 휘장, 최고급 목재를 사용한 문과 천장, 스페인제의 부드러운 가죽 안락의자 등으로 멋지게 꾸며졌다. 식당차가 있어 최고급 요리사가 만드는 고급 요리가 나왔다. 포아로가 탄 열차에는 남녀노소 가리지 않고 다양한 국적을 가진 다양한 사람들이 타고 있었다. 이스탄불에서 칼레까지 가는 3일 동안은 생판 남남이라도 어쨌든 한 지붕 아래서 잠자고 먹어야만 했다. 그런데 유고슬라비아와 체코 국경의 깊은 산속을 지나던 기차가 갑자기 쏟아진 눈보라에 발이 묶였고, 그때 안으로 문

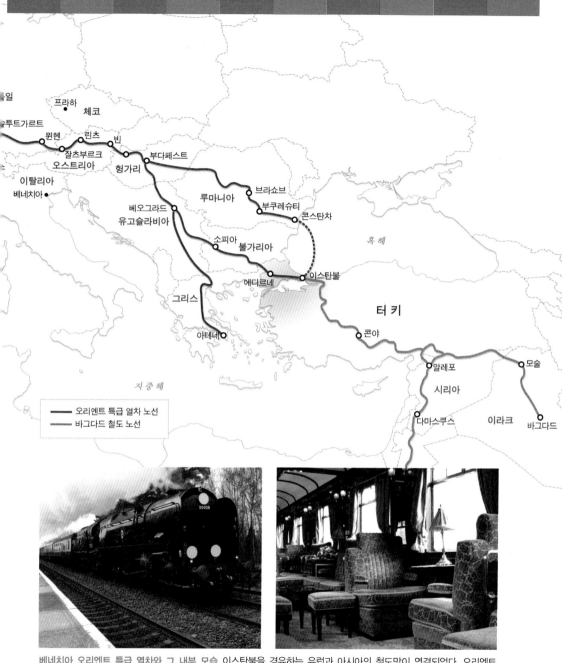

베네치아 오리엔트 특급 열차와 그 내부 모습 이스탄불을 경유하는 유럽과 아시아의 철도망이 연결되었다. 오리엔트 특급 열차는 비행기가 대중화되면서 쇠퇴의 길을 걷기 전까지 두 대륙을 잇는 대표적인 교통수단이었다.

이 잠긴 침대칸에서 승객 한 명이 온몸이 피투성이인 시체로 발견되었다.…….

—애거서 크리스티의 《오리엔트특급 살인사건》 재구성

이 소설에 등장하는 오리엔트 특급 열차가 이스탄불에 처음 도착한 것은 1888년 8월 12일이다. 이전에는 파리를 출발해 스위스의 로잔 -이탈리아의 밀라노와 베네치아 -유고슬라비아의 베오그라드 -불가리아의 소피아까지만 기차로 여행한 후 흑해에서 배를 타고 이스탄불로 들어갔다. 하지만 이날 철도가 이스탄불까지 연장되고 직행열차가 들어오면서 유럽과 오스만 제국은 철도망을 통해 직접 연결되었다. 파리에서 열차를 이용하면 3일 만에 이스탄불에 도착할 수 있었고, 반대로 이스탄불에서 콘야를 거쳐 다마스쿠스와 메디나 또는 바그다드와 바스라까지 갈 수도 있었다.

이스탄불-에스키셰히르-콘야-알레포-모술-바그다드-바스라-페르시아 만을 연결하는 횡단 철도가 완성됨으로써 제국 안팎으로 이동하는 시간이 훨씬 단축되었다. 19세기 초에는 낙타를 이용하면 바그다드 -알레포 노선은 28일, 알레포 -이스탄불 노선은 40일이 걸렸지만, 이제 철도를 이용하면 앞 노선은 4일, 뒤 노선은 2일밖에 걸리지 않았다. 철도망을 통해 제국의 여러 정책이나 사상이 훨씬 빠른 속도로 제국 곳곳에 전파될 수 있어, 전신망과 더불어 무스타파 케말이 독립운동을 전개하는 데 큰 역할을 했다.

오스만 제국이 바그다드 철도와 아나톨리아 철도를 건설하는 데 가장 많은 도움을 준 나라는 독일이었다. 독일은 베를린과 비잔티움(이스탄불), 바그다드를 연결하는 철도망을 만들어 발칸 반도에서 아나톨리아 반도를 거쳐 페르시아 만을 직접 연결하는 지역을 경제적·군사적으로 이용하려 했다. 이러한 독일 제국의 정책을 각 도시의 첫 글자를 따서 3B 정책이라 한다.

하지만 독일의 3B 정책은 이미 인도를 점령하고 아라비아 반도 쪽으로 진출하고 있던 영국의 3C 정책[캘커타(콜카타), 카이로, 케이프타운을 연결하는 정책]과 대립했고, 이러한 제국주의 국가들의 대외 팽창 정책은 제1차 세계대전이 일어나는 원인이 되었다.

7장

오스만 제국에서 터키 공화국으로

제1차 입헌 혁명이 좌절된 후 청년 오스만인들은 연합진보위원회를 조직하고 제2차 입헌 혁명을 일으켜 권력을 장악하는 데 성공했다. 하지만 오스만 제국은 제1차 세계대전에서 삼국동맹 측에 가담했다가 패전국이 되면서 연합국에 의해 분할 점령될 위기를 맞았다. 다행히 터키의 아버지 무스타파 케말이 권리보호연합회를 조직하고 터키의 독립운동을 이끌면서 위기에서 벗어날 수 있었다. 케말은 그리스와 연합국을 몰아내고 아나톨리아 반도를 중심으로 터키 공화국을 수립한 후 초대 대통령이 되었다.

1889년   연합진보위원회 조직

1908년   제2차 입헌 혁명

1912~1913년   발칸 전쟁

1914~1918년   제1차 세계대전

1919. 5. 19   케말, 삼순 상륙

1920년   세브르 조약 체결

1920. 4. 23   국민의회 소집

1923. 7. 24   로잔 조약 체결

1923. 10. 13 앙카라를 수도로 결정

1923. 10. 29 터키 공화국 수립 선포, 케말 대통령 선출

1924. 3. 3   칼리프제 폐지

1924. 4. 20   공화국 헌법 제정

1918년   제1차 세계대전 종식
         미국의 윌슨 대통령, 14개조 평화 원칙 발표

1919년   베르사유 조약, 독일 바이
         마르 공화국 성립

1911년   중국, 신해혁명

1921년   중국, 공산당 창당

1917년   러시아 혁명

1919년   3·1 운동, 대한민국
         임시정부 수립

1910년   멕시코 혁명(~1917)

1914년   사라예보 사건, 제1차 세계대전 발발

1 제2차 입헌 혁명에 성공하다

연합진보위원회(CUP)가 조직되다

19세기 말에서 20세기 초에 유럽 열강은 아프리카와 아시아에서 제국주의적 팽창 정책을 펼치며 서로 대립하고 있었다. 아프리카에서는 영국의 종단 정책*과 프랑스의 횡단 정책*이 수단 남부의 파쇼다에서 충돌했다. 동유럽에서는 독일을 중심으로 한 범게르만주의와 러시아를 중심으로 한 범슬라브주의가 부딪쳤으며, 서아시아에서는 독일의 3B 정책과 영국의 3C 정책이 대립했다. 유럽에서는 독일·오스트리아-헝가리 제국·이탈리아의 삼국동맹과 영국·프랑스·러시아의

● **종단 정책** | 이집트의 카이로에서 남아프리카공화국의 케이프타운까지 아프리카를 종단해서 그 사이에 있는 지역을 모두 식민지로 삼으려는 영국의 정책.
● **횡단 정책** | 알제리에서 마다가스카르까지 횡단해서 그 사이에 있는 지역을 모두 식민지로 삼으려는 프랑스의 정책.

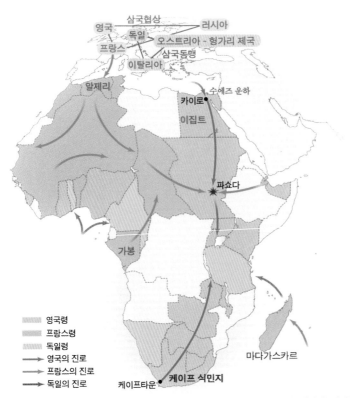

알제리

수에즈 운하

카이로

이집트

파쇼다

가봉

마다가스카르

영국령

프랑스령

독일령

→ 영국의 진로

→ 프랑스의 진로

→ 독일의 진로

케이프타운 **케이프 식민지**

제국주의 열강의 대립 독일, 오스트리아-헝가리
제국, 이탈리아가 프랑스에 대항하기 위해 체결한 삼
국동맹에 맞서 영국, 프랑스, 러시아가 삼국협상을
맺었다. 이들 제국주의 국가간의 대립은 제1차 세계
대전이 일어나는 원인이 되었다.

삼국협상이 대립했다. 이러한 대립은 제국주의 국가간의 식민지 쟁탈
전으로, 이후 제1차 세계대전으로 이어졌다.

오스만 제국 역시 러시아, 영국, 프랑스 등의 침략과 발칸 지역의
독립운동 등으로 몸살을 앓고 있었다. 또한 제1차 입헌 혁명이 실패한
뒤 술탄 압둘 하미드 2세가 독재 정치를 펴 국내 상황 역시 어렵기는

마찬가지였다.

1889년 5월 21일 군사의료학교 학생 다섯 명*이 학교 부근에 있는 하맘(터키식 목욕탕)의 정원에 모였다.

"우리나라가 왜 이렇게 됐을까? 러시아와 전쟁만 하면 계속 패하고, 발칸 반도에서는 루마니아 등이 독립하고, 아라비아 반도 쪽의 영토도 영국과 프랑스에 빼앗기고 있으니……. 도대체 이유가 뭘까?"

"이렇게 되도록 술탄과 정부는 대체 뭘 한 거야?"

"상황이 이런데도 술탄은 오히려 군대를 감시하고 군 통수권을 유지하기 위해 사격 훈련용 탄약도 주지 않잖아. 게다가 함대 훈련까지 중지시키고."

"맞아. 술탄은 지금 나라의 영토를 지키는 것보다 자신의 권력을 유지하는 걸 더 중요하게 여기는 것 같아. 술탄을 점점 더 믿을 수 없게 돼."

"그뿐인가. 수도와 지방에 대한 차별도 심하다더군. 이스탄불 출신 학생들은 학교 다닐 때도 특별 학급에서 다른 대우를 받으며 공부하더니, 졸업 후에도 승진이 엄청 빠르더군."

"총체적인 위기야. 이 문제를 근본적으로 해결하는 방법은 헌법을 다시 복원하고 의회를 되살리는 길뿐이야."

"그래, 우리가 오스만의 근대화를 위해 힘을 모아 보자구."

이들은 의기투합해서 조직을 만들고 '오스만 연합'이라 이름 지었다. 이렇게 시작된 술탄 반대 운동은 이스탄불대학으로 확대되었고,

● 이브라힘 테모, 압둘라 제브데트, 메흐메트 레쉬트, 휴세인자데 알리, 아스학 쉬쿠티.

연합진보위원회(청년 튀르크당)의 가두 행진 1908년, 진보적인 지식인과 학생 및 청년 장교들이 혁명을 일으켜 압둘 하미드 2세를 몰아내고 정권을 장악한 뒤 가두 행진을 벌이고 있다.

전국 곳곳에서도 거세게 일어났다. 특히 유럽이나 근대식 학교에서 서구식 교육을 받은 엘리트 청년 장교단이 주축을 이루었으므로 유럽에서는 이들을 '청년 튀르크(The Young Turks)'라고 불렀다. 뜻을 같이하는 젊은 청년들이 적극적으로 동참하면서 오스만 연합은 날로 성장했고, 이후 연합진보위원회(CUP: Committee of Union and Progress)

로 이름을 바꾸었다.

연합진보위원회가 활동하던 초기에는 주로 정부의 탄압을 피해 프랑스 등으로 망명 간 사람들이 주축이 되어 신문이나 잡지를 발행했다. 이를 통해 오스만 제국의 개혁을 주장하고, 압둘 하미드 2세의 전제 정치와 유럽의 내정 간섭을 비판했다. 이렇게 발행된 신문과 잡지들은 우편을 통해 제국으로 보내졌고, 많은 사람들에게 널리 읽혀 정신적으로 큰 영향을 끼쳤다. 1906년에 무스타파 케말의 고향인 살로니카(테살로니키)에서 오스만 자유위원회(OLS: Ottoman Liberty Society)가 구성되었다. 이후 연합진보위원회로 통합되어 오스만 제국의 개혁을 이끌었다.

의회를 구성하고 입헌 정부를 세우다

연합진보위원회가 국내외에서 술탄의 전제 정치와 유럽의 내정 간섭에 반대하는 운동을 활발히 전개할 무렵, 아흐메트 니야지 장군이 1908년 7월 6일 마케도니아에서 쿠데타를 일으켰다. 그는 "1878년 이후 정지된 헌법을 부활하고 입헌 정부로 돌아가자"고 주장했다. 엔베르 파샤 등 연합진보위원회 지도자들은 쿠데타를 적극 지지했다. 술탄 압둘 하미드 2세가 군대를 보내 진압하려 했지만, 젊은 장교들이 쿠데타 세력에 힘을 보태면서 진압은 실패했다.

1876년의 헌법을 부활시키라는 요구를 받고 몇 차례 망설이던 술탄은 7월 23일 결국 입헌 체제로 돌아가겠다고 약속했다. 다음 날 이스탄불 신문의 한구석에 의원 선거 공고가 제목도 없이 작게 실렸다. 신문 기사를 본 이스탄불 시민들은 기뻐하며 거리로 쏟아져 나왔다.

"만세, 제국의 민주주의 만세!"

"술탄 만세! 연합진보위원회 만세!"

사람들은 이스탄불 거리를 활보하며 소리 높여 쿠데타를 지지했고, 연합진보위원회를 칭찬했다. 곳곳에서 정보를 교환하고 앞으로의 사태를 전망하는 토론이 벌어졌다. 1878년 헌법이 정지된 이후 근대화가 크게 후퇴한 것을 염려하던 사람들은 국민이 직접 투표로 뽑은 대표로 의회를 구성하는 의회 제도가 부활하는 것에 큰 기대를 걸었다.

술탄의 독재 정치를 지탱하던 궁전의 고문단은 도망가거나 붙잡혔고, 비밀 정보원과 검열 제도는 폐지되었다. 망명을 떠났던 사람들이 이스탄불로 돌아왔으며, 신문·책·만화 등을 발행해 사람들의 의식을 일깨웠다.

그해 11월, 마침내 하원의원을 선출하는 선거가 실시되었다. 하나의 선거구에서 남자 5만 명당 의원 한 명이 선출되었다. 당선된 의원들은 대부분 연합진보위원회의 지지를 받거나 이와 관련된 사람들이었다. 이제 하원은 제국 내의 모든 국민을 대표하는 합법적인 대표 기구가 되었다. 연합진보위원회가 주장해 온 '자유, 정의, 평등, 우애'가 실현되는 기초가 마련된 것이다.

오스만 제국은 의회를 구성하고 입헌 정부를 세움으로써 근대화를 향해 한 걸음 성큼 다가갔다. 유럽의 제국주의적 침략 아래 아시아나 아프리카 대부분의 나라들이 식민지로 전락할 때, 오스만 제국은 스스로의 힘으로 근대 국가를 세우는 데 어느 정도 성공한 것이다.

2 | 연합진보위원회, 개혁을 주도하다

연합진보위원회, 입헌 정부를 지키다

입헌 정부의 앞날은 그리 순탄하지 않았다. 1909년 4월 13일, 이스탄 불에서 병사들이 폭동을 일으킨 것이다. 청년 장교들과 일반 병사들 사이의 심한 차별 대우가 원인이었다. 병사들은 입헌 정부가 종교 율 법을 위반했다고 비판하며, '샤리아(이슬람 율법)를 지키자'고 주장했 다. 이들은 의회를 해산하고 내각을 몰아낸 뒤 이스탄불을 장악했다. 또한 의회 의원, 청년 장교, 진보적 언론인들을 체포하고 처형했다. 이때 술탄 압둘 하미드 2세는 권력을 다시 찾을 기회라고 생각하고 병 사들의 폭동을 지지했다. 하지만 입헌 정부를 지지하던 청년 장교단 의 마케도니아 전투 부대가 이스탄불에 들어오면서 병사들의 폭동은 단숨에 진압되고 말았다.

이렇게 되자 압둘 하미드 2세를 폐위시켜야 한다는 주장이 제기되었다. 의회 제도를 부정하고 내각을 무너뜨린 폭동을 지지한 술탄을 그대로 둘 수는 없었기 때문이다. 일부에서는 압둘 하미드 2세를 폐위시키고 새 술탄을 세우려고 했다. 하지만 술탄이라는 제도가 있는 한 언제든 다시 술탄을 등에 업고 반란이 일어날지도 모를 일이었다. 뭔가 술탄을 견제할 수 있는 장치가 필요했다. 고민 끝에 술탄의 동생을 새 술탄으로 삼되, 의회에서 헌법 등을 존중하는 선언을 하게 하는 방법이 최종 안으로 결정되었다.

이 결정에 따라 의회는 네 명의 대표단을 보내 압둘 하미드 2세에게 폐위를 통보했다. 술탄은 폐위되어 살로니카로 유배되었다. 뒤를 이어 메흐메트 5세가 새 술탄이 되었다. 메흐메트 5세는 즉위식에서 "이슬람법 및 헌법과 자신을 뽑아 준 국민의 뜻에 따르겠다"고 선언했다. 비록 술탄이 다스리는 군주국이었지만, 오스만 제국은 주권이 국민에게 있고 술탄은 의회에서 만든 헌법에 따라 나라를 다스려야 하는 완전한 의미의 입헌군주국이 되었다.

제국은 이제 사실상 연합진보위원회가 지배했다. 제국을 다스리는 실제 권한은 의회에 있었으며, 재상이 장관을 임명하고, 이들로 구성된 정부가 의회에 대해 책임을 졌다. 새 정부는 유럽 자문단의 도움을 받아 관세, 행정, 법률, 군대 훈련 등의 분야를 개혁하는 등 서구화 정책을 적극적으로 추진했다.

오스만 제국의 발전을 둘러싼 논쟁

연합진보위원회가 개혁을 추진할 무렵 지식인들 사이에서는 오스만 제국의 발전 방향을 둘러싸고 오스만주의, 범이슬람주의, 범투란주의, 튀르크주의와 같은 수많은 논쟁이 벌어졌다.

입헌 정부를 이끈 엔베르 파샤는 다음과 같이 오스만주의를 주장했다.

"우리는 모두 형제다. 이제는 불가리아인, 그리스인, 루마니아인, 유대교도, 이슬람교도가 따로 없다. 오스만 제국의 국민이라면 종교나 민족은 중요하지 않다. 같은 하늘 아래 우리는 모두 평등하다. 오스만 국민으로서의 영광을 되찾자."

하지만 현실적으로 오스만주의를 실행하기는 불가능했다. 이미 소수 민족들이 각 지역에서 분리 독립운동을 전개하고 있었으며, 오스만 제국의 영향력은 줄어들고 있었기 때문이다. 당시 의회 의원은 튀르크인이 142명, 비튀르크인이 133명이었는데, 비튀르크인은 아랍인, 알바니아인, 그리스인, 아르메니아인, 유대인, 불가리아인, 세르비아인 등으로 구성되어 있었다. 이들 비튀르크인 의원들은 연합 세력을 형성해 오스만주의 정책을 반대했다.

오스만주의가 실패하자 '전 세계 이슬람교를 믿는 사람들이 하나로 힘을 모으자'는 범이슬람주의가 제안되었지만, 현실성이 없기는 마찬가지였다. 이미 아랍 지역에서는 와하브 운동˚이 전개되고 있었다. 따라서 범이슬람주의는 오히려 제국 안의 이슬람교도와 비이슬람교도의 대립을 부추기는 결과만 가져왔다.

● **와하브 운동** | 제창자 압둘 와하브의 이름을 딴 이슬람교의 민족 운동. 모든 종파를 반대하고 금욕주의와 초기 이슬람교로 되돌아가자고 강조했다.

오스만주의나 범이슬람주의가 별다른 공감대를 얻지 못하자, 이번에는 '터키어를 사용히는 모든 사람을 하나로 통합하자'는 범투란주의가 주장되었다. 이스마일 파샤는 "여기저기 흩어져 있는 모든 튀르크인이 하나의 국기, 하나의 나라로 통합되어야 한다. 터키어를 사용하는 튀르크인이라면 어디에 있든 모두 하나여야 한다"고 주장했다.

실제로 이스마일 파샤는 터키어의 통일을 추진했고, 터키어를 공식 언어로 채택했다. 하지만 러시아의 영향력이 강한 지역에서는 별다른 효과를 거두지 못했다. 오히려 다른 종교와 문자를 가진 알바니아인에게 터키어를 강요하는 바람에 이들의 저항만 커지는 역효과를 낳았다.

범투란주의가 실패하면서 청년 지식인들 사이에 '튀르크주의'가 등장했다. 지야 괵알프는 "제국 내의 모든 사람은 자신을 튀르크 민족으로 인식해야 한다. 제국 안의 이슬람 및 유럽 문화는 튀르크 문화에 융합되어야 한다. 튀르크화, 이슬람화, 근대화를 추진해야 한다"며 오스만 제국 내에서 튀르크 민족주의를 실현할 것을 주장했다.

이후 많은 사람들이 튀르크 민족의 동질성을 찾고 스스로의 국가 건설에 공감하면서 튀르크라는 말이 자연스럽게 사용되기 시작했다. 사람들은 새로 태어난 아기에게 무함마드 같은 이슬람식 이름 대신 오스만 같은 튀르크식 이름을 지어 주었다. '튀르크주의'는 발칸 전쟁과 제1차 세계대전을 거치면서 더욱 강화되어 튀르크인이 '터키' 국가를 건설하는 밑바탕이 되었다.

3 | 제1차 세계대전에서 패하다

발칸 전쟁의 패배로 유럽의 대부분을 잃다

입헌 혁명을 통해 서구화, 근대화를 추진하던 오스만 제국은 또다시 나라 안팎의 어려움에 처했다. 발칸 반도의 동부 지역이 불가리아로 독립했고, 오스트리아-헝가리 제국은 보스니아 일대를 점령했으며, 그리스와 불가리아가 연합해서 마케도니아 지역을 침공했기 때문이다. 게다가 두 차례의 발칸 전쟁을 거치면서 오스만 제국은 유럽 쪽 영토의 83퍼센트, 유럽 쪽 인구의 69퍼센트를 잃었다. 제1차 발칸 전쟁은 1911년에 이탈리아가 리비아 지역을 침략한 것을 계기로, 발칸 국가들이 오스만 제국의 영토를 공격하면서 일어났다(1912년 10월~1913년 5월). 제국은 패배를 거듭하면서 이스탄불과 일부 지역을 제외한 유럽 쪽 영토 대부분을 불가리아, 세르비아, 그리스, 몬테네그로에 빼앗겼다. 크레타 섬도 잃었다. 이어서 일어난 제2차 발칸 전쟁(1913

제2차 발칸 전쟁에서 후퇴하는 튀르크군 두 차례의 발칸 전쟁에 모두 패함으로써 오스만 제국은 꽤 많은 유럽 쪽 영토와 인구를 잃었다.

년 6~7월) 때는 불가리아와 루마니아 등이 마케도니아 지역의 분할을 둘러싸고 싸움을 벌였다. 이 과정에서 오스만 제국은 에디르네 인근 지역을 회복하기는 했지만, 대신에 로도스 섬을 포함해 트리폴리와 에게해 12개 섬을 이탈리아에 빼앗겼다. 과거 제국의 지배 아래 숨죽이던 발칸 반도의 여러 나라가 이제는 도리어 제국을 침략하고 영토를 빼앗을 만큼 강성해진 것이다. 오스만 제국에게 발칸 반도 대부분의 지역을 잃은 것은 단순히 영토가 줄어든 것 이상으로 큰 타격이었다.

"발칸 전쟁에서 패하면서 발칸 반도 지역을 대부분 잃었다며?"

"이러다간 우리나라가 유럽 지역을 다 잃고 아나톨리아 반도로만 좁혀지는 건 아닌지 모르겠네. 참으로 충격적이고 안타까운 일이네."

"설마 유럽으로부터 완전히 고립되고 단절되는 건 아니겠지?"

"게다가 갑자기 집과 재산을 잃은 튀르크인들이 피난을 떠나 이스탄불로 몰려들고 있다는군."

"하루아침에 집과 재산을 잃고 정든 고향을 떠나야 하다니, 얼마나 힘들까?"

"그러게 말이야. 어쨌든 여러 곳에 흩어져 살고 있던 튀르크인들이 한곳으로 모여든다는 건 좋은 일이군."

"이스탄불 신문에는 '비록 전쟁에서는 패배했지만 튀르크 민족주의는 승리했다'고 실었더군. 민족적·종교적 통일성이 높아졌다는 거지."

오스만 제국은 비록 영토는 계속 줄어들었지만 종교적으로는 이슬람교, 민족적으로는 튀르크인이라는 동질성이 높아지면서 튀르크인에 의해 국가가 건설될 가능성은 점점 높아지고 있었다.

제1차 세계대전에 참전하다

그즈음 유럽 제국주의 열강들의 식민지 쟁탈전이 더욱 거세졌고, 결국 1914년 제1차 세계대전이 일어났다. 제1차 세계대전은 보스니아의 수도 사라예보에서 오스트리아 황태자 부부가 세르비아의 청년에게 암살당한 사건(사라예보 사건)이 계기가 되었지만, 근본적인 원인은 제국주의 국가간의 식민지 쟁탈전에 있었다. 유럽에서는 삼국동맹과 삼국협상이 대립했고, 발칸 반도에서는 범슬라브주의와 범게르만주의가 대립했다. 아프리카에서는 프랑스의 횡단 정책과 영국의 종단 정책이 대립했으며, 서아시아에서는 독일의 3B 정책과 영국의 3C 정책이 대립했다.

사라예보 사건 1914년 6월 28일 오스트리아 황태자 부부가 사라예보에서 세르비아 청년 프린치프에게 암살된 사건. 오스트리아 정부가 7월 28일 세르비아에 선전 포고를 함으로써 제1차 세계대전이 시작되었다.

이렇듯 열강의 대립이 치열해지는 가운데 마침내 세계의 화약고라 불리던 발칸 반도의 세르비아에서 폭발한 것이다. 본래 발칸 반도 지역은 종교적으로는 이슬람교, 가톨릭, 그리스 정교 등이 뒤섞여 있고, 민족적으로는 슬라브족, 게르만족, 튀르크족 등이 복잡하게 얽혀 살고 있는 곳이었다. 그런데 오스만 제국의 힘이 약화되면서 독립한 여러 나라가 서로 영토를 넓히기 위해 치열하게 대립함으로써 세계의 화약고라 불린 것이다.

제1차 세계대전이 일어나자 오스만 제국 내에서는 어느 편도 들지 말고 중립을 지키며 상황을 지켜보자는 입장이 지배적이었다.

"유럽에서 전쟁이 일어났다는데, 우리나라는 어떻게 하는 게 좋을까?"

"정부가 삼국동맹국을 편들 리는 없을 거야. 오스트리아는 발칸 지역을 빼앗아 갔고, 이탈리아는 리비아를 점령하지 않았나? 우리 영토를 빼앗은 나라를 지지할 순 없지."

"그렇다고 삼국협상국과 손을 잡을 수도 없지 않나? 영국과 프랑스를 지지하고 싶지만, 하필이면 오랫동안 우리를 괴롭혔던 러시아와 연합할 게 뭐람."

"아무래도 우린 중립을 지키는 게 좋을 것 같아. 어느 편도 들 수 없잖아. 정부 관리들도 대부분 중립을 지지할 거야."

하지만 많은 사람들의 예상과는 달리 그해가 가기도 전에 오스만 제국은 독일 편에 서서 전쟁에 가담했다. 당시 내각의 엔베르 장관은 독일 편에 서서 러시아에 맞서 싸우는 것이 나라에 가장 이익이며, 독일의 힘을 빌려 러시아를 무너뜨릴 수 있다고 생각했다. 독일 역시 오스만 제국을 끌어들이기 위해 많은 노력을 기울였다. 황제 빌헬름 2세가 다이아몬드로 장식된 홀을 선물하면서 환심을 사려 했고, 이스탄불에서 바그다드까지 이어지는 철도 건설을 적극적으로 지원하기도 했다. 결국 엔베르의 친독일 정책과 독일의 적극적인 외교가 맞아떨어지면서 오스만 제국과 독일은 비밀 동맹을 맺었다.

마침내 1914년 10월 28일, 독일 군함 두 척이 상선으로 위장한 채 보스포루스 해협으로 들어와 오스만 제국의 함대와 합류했다. 다음 날 함대는 독일 장교와 승무원을 싣고 오스만 기를 펄럭이며 흑해 연안의 러시아 기지를 폭격했다. 이에 맞서 러시아가 11월 5일에, 그 다음 날에는 영국과 프랑스가 오스만 제국에 선전 포고를 했다. 이로써 오스만 제국은 제1차 세계대전의 소용돌이 속으로 빠르게 휩쓸려 들어갔다.

전쟁이 시작된 이래 처음 6개월 동안 무려 80만 명의 오스만 군대가 전투에 투입되었다. 초기에는 몇몇 전투에서 승리해 연합국에 타격을 주기도 했지만, 대부분은 별 성과 없이 제국의 영토를 방어하는 데만 급급했다. 1914~1915년 겨울 동부 아나톨리아 전선에서는 러시아를 공격했다가 전투에 참가한 오스만 병사의 80퍼센트가 전사했다. 그러자 대규모의 병사들이 전선에서 도망쳤으며, 국내에서는 식량과 물자 등이 턱없이 부족해 경제적으로 극심한 어려움을 겪고 있었다.

1917년, 사회주의 혁명에 성공한 러시아는 이듬해 독일과 단독으로 강화를 맺고 군대를 철수시켰다. 이어 동맹국인 불가리아, 오스만 제국, 오스트리아-헝가리 제국도 연합국 측에 항복했다. 독일에서도 수병들의 반란을 계기로 혁명이 일어나 공화국이 선포되었고, 공화국 정부가 연합국과 휴전 조약을 맺음에 따라 제1차 세계대전은 4년 반 만에 끝이 났다.

오스만 제국의 제1차 세계대전 참전 결과는 비참했다. 제1차 세계대전 중에 동원된 오스만 병사 280만 명 가운데 32만 5000명이 전사했으며, 민간인 사상자만 200만 명에 이르는 등 엄청난 피해를 입었다. 나아가 오스만 제국은 패전국으로서 연합국과 굴욕적인 조약을 맺어야 했다.

연합국에 분할 점령되다

오스만 제국은 겉으로 보이는 군사적 패배보다 더 심각한 상처를 입었다. 술탄 메흐메트 5세가 물러나고 메흐메트 6세가 즉위했다. 전쟁을 이끌었던 엔베르 등은 휴전 2주 전에 독일 배로 몰래 이스탄불을 빠져나갔고, 개혁을 이끌었던 연합진보위원회 내각도 물러나야 했다.

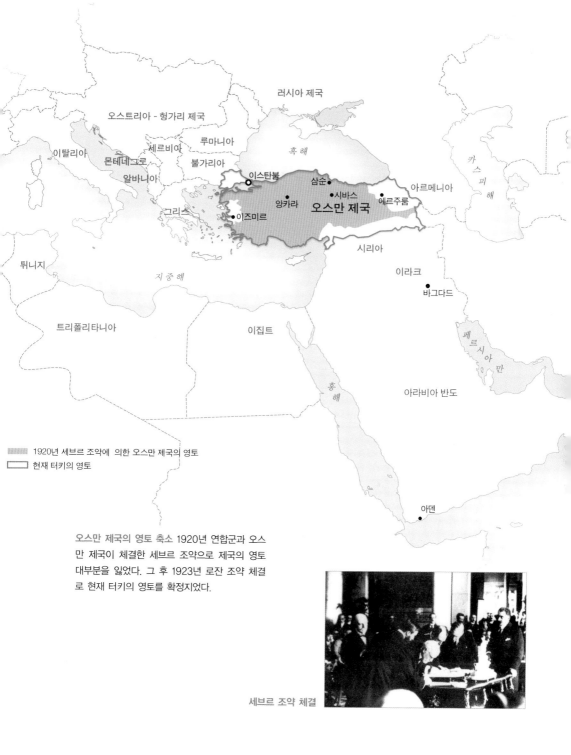

러시아 제국

오스트리아 - 헝가리 제국

이탈리아

몬테네그로

세르비아

알바니아

루마니아

불가리아

흑 해

이스탄불

삼순
●시바스
앙카라
오스만 제국
에르주룸
아르메니아

카
스
피
해

그리스

이즈미르

시리아

지 중 해

튀니지

트리폴리타니아

이집트

이라크

바그다드

페
르
시
아
만

홍
해

아라비아 반도

아덴

▨▨▨ 1920년 세브르 조약에 의한 오스만 제국의 영토
▭ 현재 터키의 영토

오스만 제국의 영토 축소 1920년 연합군과 오스만 제국이 체결한 세브르 조약으로 제국의 영토 대부분을 잃었다. 그 후 1923년 로잔 조약 체결로 현재 터키의 영토를 확정지었다.

세브르 조약 체결

전쟁 이후 연합국은 술탄 정부에 세브르 조약°을 맺을 것을 강요했다. 이 조약은 '오스만 제국은 아랍 지역의 영토를 모두 포기하고, 이집트는 영국에, 모로코와 튀니지는 프랑스에, 동부 트라키아와 에게해의 여러 섬은 그리스에 넘길 것, 그리고 앞으로 5년 동안 그리스가 이즈미르를 통치할 것이며, 아르메니아를 독립시키고, 쿠르디스탄°의 자치권을 허용할 것' 등의 내용을 담고 있었다.

패전의 책임을 지고 술탄 정부가 연합국의 압력에 굴복함에 따라 마침내 1920년 8월 10일, 프랑스 파리 근교의 세브르에서 술탄 메흐메트 6세가 세브르 조약에 서명했다. 이로써 오스만 제국은 발칸 반도, 아프리카 등 대부분의 영토를 잃고, 이스탄불 일대와 아나톨리아 반도로 영토가 축소되었다.

한편, 정부가 굴욕적인 조약에 서명했다는 소식이 전해지자 오스만 제국 전체가 들끓었다. 이후 조약 체결에 반대하고 술탄 정부에 저항하는 범국민적 독립운동이 시작되었다. 많은 튀르크 지도자들은 미국 대통령 윌슨이 주장한 평화 원칙 14개 조항 가운데 12번째인 "오스만 제국의 튀르크인 지역에 대한 주권을 보장한다"는 조항을 이용해 국내외에서 독립운동을 전개했다. 당시 연합진보위원회의 지도자들이 그대로 남아 독립운동의 중심 역할을 담당했다. 4년 동안 치열하게 펼쳐진 독립운동의 맨 앞에는 터키의 영웅 무스타파 케말이 있었다.

● **세브르 조약** | 술탄 정부의 굴욕적인 조약 체결은 정부의 권위를 떨어뜨렸고, 후에 무스타파 케말의 국민의회 정부가 이를 승인하지 않자 세브르 조약은 결국 비준 없이 폐기되었다.
● **쿠르디스탄** | 쿠르드족이 사는 지역이라는 뜻으로, 터키·시리아·이란·이라크에 걸친 고원과 산악으로 이루어진 지역을 말한다.

◉ 반성해야 할 터키 역사, 아르메니아인 대학살

제1차 세계대전 중이던 1914~1918년 아르메니아인 50만 명 이상이 목숨을 잃는 비극적인 일이 일어났다. 이에 대해 아르메니아인들은 약 150만 명이 목숨을 잃었다고 주장하고 있다.

본래 아르메니아인들은 정복자 메흐메트 2세 때부터 그리스 정교회, 유대교와 함께 3대 밀레트인 기독교 밀레트를 만들었으며, 오랫동안 아나톨리아 동부에서 상업 활동을 하며 살아왔다. 그런데 제1차 세계대전 중 러시아가 아르메니아인들을 이용해 오스만 제국을 공격하려 하자, 지도자 600여 명을 체포해 학살하면서 아르메니아인들을 아나톨리아에서 쫓아냈다. 내쫓긴 아르메니아인들은 시리아와 이라크 북부로 이동하는 과정에서 대학살, 영양실조, 탈진, 질병 등으로 50만 명 이상이 목숨을 잃었다.

터키 정부는 아르메니아인들이 러시아와 협력해서 터키를 공격하려 했고, 동부 지역에서 반란이 일어날 가능성이 있어 이를 미리 막기 위해 어쩔 수 없이 추방하게 되었다고 주장한다. 하지만 학살에 대한 책임에서 자유로울 수는 없어 보인다.

4 | 터키 공화국을 수립하다

케말, 독립운동을 이끌다

제1차 세계대전이 끝나 갈 무렵 술탄이 된 메흐메트 6세는 연합국의 분할 점령을 막고 제국을 지키는 데 적극적으로 나서지 않았다. 반면에 전국 곳곳에서는 세브르 조약에 반대하며 독립 국가를 세우기 위한 운동이 본격적으로 일어났다. 이때 독립운동을 앞장서서 이끌었던 인물이 바로 '터키의 아버지(아타튀르크)'라 불리는 무스타파 케말이었다.

케말은 1918년 연합국에 점령된 이스탄불로 오는 도중 보스포루스 해협에 정박해 있는 연합군의 전함들을 보았다. 그는 "저들이 우리 해협에 들어올 때처럼 곧 물러갈 것이다"라며 독립에 대한 굳은 결의를 다졌다.

무스타파 케말은 남아 있는 오스만 제국의 군대와 민족주의 단체를 해산하라는 술탄의 명령을 받고 1919년 5월 19일 흑해 동부 연안의 삼순에 상륙했다. 그러나 그는 술탄의 뜻을 거역하고 연합국에 점령당한 국토를 해방시키기 위한 독립운동을 본격적으로 전개하기 시작했다. 오늘날 터키에서는 이날(5월 19일)을 '청년과 스포츠의 날'이라고 해서 국가 기념일로 기리고 있다.

독립 전쟁 당시의 케말

또한 케말은 8월에 에르주룸에서 1차 회의를, 9월에는 시바스에서 2차 회의를 소집해 '아나톨리아 및 루멜리 권리보호 연합회'를 만들었다. 이렇게 조직된 권리보호연합회는 이스탄불의 술탄 정부를 대신해 사실상 정부 역할을 했으며, 케말은 집행위원장으로 선출되어 독립운동을 지도했다. 이후 권리보호연합회는 시바스에서 앙카라로 운동 기지를 옮겨 활동을 계속했다.

한편, 1920년에 이스탄불의 술탄 정부가 실시한 의회 선거에서는 케말의 지지자들이 많이 당선되었다. 새로 구성된 이스탄불 의회는 세브르 조약에 반대하고 제국의 독립을 주장하는 국민 헌장을 통과시켰다. 이에 연합국은 이스탄불을 점령하고 하원을 해산한 후 40여 명의 의원을 체포해 몰타 섬으로 유배시켜 버렸다. 술탄 정부도 케말을 제거하려 했다. 이때 여러 의원이 연합국과 술탄 정부의 탄압을 피해 이스탄불을 몰래 빠져나와 앙카라로 갔다.

케말은 이들 의원들과 손잡고 새로 하원의원을 선출한 후 4월 23일 앙카라에서 역사적인 '국민의회'를 소집했다. 국민의회는 '이스탄불의 술탄 정부가 이교도의 통제 아래 있으며, 외세를 몰아내는 것이 무슬림 국민의 신성한 의무'라고 선언했다. 터키에서는 이날(4월 23일)을 기념해 '국가 주권 및 어린이 날'로 정해서 공휴일로 삼고 있다.

1921년 1월에는 국민의회에서 헌법을 만들었다. 새로 만들어진 헌법에는 "주권은 국민에게 있고, 국민의회가 진정하고 유일한 국민의 대표 기구다. 우리는 국가 이름을 '튀르키예 공화국'이라 부른다"는 내용을 담았다. 케말은 의회 의장으로 선출되어 정부를 이끌었다. 이제 오스만 제국에는 이스탄불의 술탄 정부와 앙카라의 케말 의회 정부가 함께 존재하게 되었다. 케말의 의회 정부는 술탄의 퇴위를 선언하지는 않았지만 술탄이 연합국의 볼모로 잡혀 있기 때문에 자신들만이 국민을 대표하는 유일한 정부라고 선언했다.

케말의 의회 정부가 수립되자, 술탄은 이슬람교도들에게 케말 등 반란자들을 살해하라고 명령했다. 이에 따라 이스탄불의 군사 법정에서는 케말과 의원들에게 사형을 선고했다. 술탄은 또한 군대를 파견해 독립운동을 탄압했다.

술탄 정부의 탄압이 계속되자, 국민의회는 술탄을 어떻게 할 것인가를 두고 몇 시간에 걸쳐 토론을 벌였다. 아직까지는 술탄직을 없앤다는 생각을 하지 못했기 때문이다. 이때 케말이 의회 단상에 올라갔다.

"존경하는 의원 여러분, 얼마 전 의회에서 술탄이 연합국의 볼모가 되었다고 하지 않으셨습니까? 제가 이끄는 의회 정부만이 국민을 대표하는 유일한 정부라고 선언하지 않았습니까? 그런데 어떻게 지금 또다시 술탄을 인정할 수밖에 없다고 주장하십니까? 여러분! 주권은 다른 사람이 줄 수도 없고, 토론이나 논쟁을 통해서 얻을 수도 없습니

오스만 제국의 마지막 술탄 메흐메트 6세
1922년 술탄제가 폐지됨에 따라 오스만 제
국의 마지막 술탄이었던 메흐메트 6세는
1922년 11월 터키를 떠나 몰타 섬으로 망명
했다.

다. 힘, 즉 권력과 무력으로 쟁취해야 하는 것입니다. 튀르크 국민은
스스로의 힘으로 주권을 쟁취했습니다. 이제 남은 한 가지는 스스로
획득한 권리를 어떻게 표현하느냐 하는 것입니다. 술탄을 인정하느
냐, 아니면 국민이 주인인 세상을 선언하느냐 말입니다."

　호소력 넘치는 케말의 연설에 많은 의원들이 공감했고, 결국 1922
년 11월 1일 터키 국민의회는 "2년여 전 영국군이 이스탄불을 점령한
날부터 술탄은 존재하지 않았다"고 선언했다. 이 소식을 들은 술탄 메
흐메트 6세는 영국 구급차로 궁전을 탈출해 영국 군함을 타고 이스탄
불을 떠났다. 메흐메트 6세가 망명하자 정치적 지배자로서의 술탄은
더 이상 존재하지 않았고, 터키는 사실상 공화국이 되었다. 의회는 칼
리프를 압둘 메지드에게 넘겼고, 이로써 터키에는 이슬람의 종교적
지도자인 칼리프만 남게 되었다.

이즈미르에서 그리스군을 몰아내다

1919년 5월 15일, 그리스는 이즈미르를 점령했다. 나아가 세브르 조

사카리야 전투 기록화 1921년 앙카라 남서부의 사카리야 강변에서 터키군과 그리스군이 벌인 전투를 그린 그림이다.

약에서 정해 준 선을 넘어 1920년 4월에는 아나톨리아 서부 대부분을 차지하고 에스키셰히르까지 점령했다. 이스메트 파샤(이스메트 이뇌뉘)가 에스키셰히르 서쪽의 이뇌뉘 지역에서 두 번이나 그리스군을 막아 냈지만, 그리스군이 후퇴하면서 도시들에 불을 질러 100여 만 명의 난민이 발생했다.

그리스는 1921년 7월에 다시 공격해 왔다. 그리스의 침공은 앙카라에 있는 케말에게 급히 보고되었다. 그리스군과 정면으로 맞서 싸우는 것은 손해라고 생각한 케말은 시간을 벌기 위해 그리스군이 앙카라에서 약 80킬로미터 떨어진 사카리야 강에 이를 때까지 군대를 후퇴시켰다. 케말군이 제대로 싸워 보지도 않고 후퇴를 계속하자 의회와 국민들은 불안에 떨었다. 공공연히 케말의 지도력을 믿지 못하는 사람들도 생겼다. 마침내 의회에서 그리스군의 침략에 대한 대책을 세우는 회의가 열렸다. 한 의원이 케말에게 질문을 던졌다.

개선하는 **국민의회군** 케말의 국민의회는 서구 열강의 침략에 맞서 영토를 지키고 오스만 제국을 개혁해 터키 공화국을 수립하는 데 앞장섰다.

"케말 파샤, 그리스군이 앙카라 가까이까지 왔다는군요. 이대로 앉아서 당할 겁니까?"

"의원 여러분, 동요하지 마십시오. 지금은 작전상 후퇴하는 겁니다. 사카리야 강이 곧 그리스군의 무덤이 될 것입니다."

케말은 혼란스러워 하는 의원들을 설득했다.

마침내 8월, 케말은 3주간에 걸친 전투에서 대승을 거두고 그리스군을 물리쳤다. 의회는 케말에게 '가지'라는 칭호를 주고 신앙의 전사이자 승리자라고 칭송했다. 다음 해에 그리스군이 다시 공격해 왔을 때는 케말이 먼저 그리스군을 공격했다. 그리스군은 패배를 거듭했고, 결국에는 그리스 총사령관이 체포되었다. 터키군은 의기양양하게 이즈미르에 입성했다.

내친김에 케말은 군대를 이끌고 보스포루스 해협과 영국군 주둔지까지 공격했다. 영국은 휴전을 제안했고, 케말 정부가 이를 받아들이면서 전쟁은 끝났다. 오스만 제국은 이스탄불과 인근 해협에 대한 통치권을 되찾았다. 세브르 조약은 조인도 되기 전에 폐기되었고, 새로운 조약이 논의되었다.

터키 공화국을 위한 노력

케말 정부의 강력한 저항에 부딪친 연합국들은 스위스 로잔에서 터키 문제를 다시 의논하기 위해 회의를 열었다. 이 회의에는 술탄 정부를 대신해 케말 정부가 터키 대표로 참석했다. 이스메트 파샤는 '새로 탄생될 터키를 위해 절대 주권을 부여할 것', '열강의 간섭을 배제할 것' 등을 주장했다. 그는 끈질기게 연합국을 설득했고, 우여곡절 끝에 모든 요구 사항을 이루어 냈다. 마침내 1923년 7월 24일, 로잔 조약이 체결되었다.

로잔 조약에 따라 터키는 열강에 배상금을 지불하지 않아도 되었다. 동부 아나톨리아 지역의 아르메니아와 쿠르드족 지역은 다시 터키 영토가 되었으며, 서부의 그리스 점령지도 해방되었다. 보스포루스 해협에 대한 터키의 주권도 인정되었다.

로잔 조약을 체결할 때 연합국은 그리스의 입장을 대변해서 케말에게 '이스탄불을 포함한 유럽 지역을 양보하고 에게해의 섬들을 차지할 것인가, 아니면 이스탄불을 차지하는 대신 에게해의 여러 섬을 그리스에게 양보할 것인가'를 선택하라고 제안했다.

케말은 여러 종족으로 구성된 터키인들을 어떻게 정의할 것인지, 앞으로 출범하는 공화국 터키의 앞날을 위해서는 어떤 결정이 옳은지 깊은 고민에 빠졌다. 결국 케말은 다음과 같이 결정했다.

"첫째, 터키의 발전을 위해서는 서구와 연결되는 것이 중요하므로, 이스탄불과 보스포루스 인근 지역을 차지한다. 둘째, 터키 땅에서 터키어를 사용하는 사람은 모두 터키인이고, 공화국의 민족적 동질성을 높이기 위해 터키인이 전체 인구의 70퍼센트를 차지하는 지역만 터키 공화국의 영토로 한다."

이에 따라 터키는 이스탄불을 얻는 대신 이미 열강의 지배 아래 있던 아프리카와 서아시아 쪽의 영토를 모두 포기했다. 터키 해안 가까이에 있는 에게해의 여러 섬은 모두 그리스의 영토가 되었다. 외국 땅에 사는 터키 민족에게는 일제히 소환령이 내려졌다. 인구가 강제로 교환되어 오스만 제국 안에 살고 있던 130만 명의 그리스인이 터키를 떠났고, 40만 명의 터키인이 그리스에서 터키로 돌아왔다. 이로써 터키 공화국은 이슬람교를 믿고 터키어를 사용하는 터키인들의 나라가 되었으며, 세계의 도시 이스탄불을 얻었다.

1923년 10월 13일에는 앙카라가 터키의 수도로 선포되었다. 그 뒤 10월 29일에는 의회에서 공식적으로 터키 공화국을 선포하고, 무스타파 케말을 제1대 대통령으로 선출했다. 1924년 3월 3일에는 칼리프 제도를 폐지했다. 그리고 4월 20일에는 공화정 헌법이 제정, 공포되었다. 이제 터키는 오스만 제국의 과거와는 완전히 단절했다. 이슬람교를 믿는 나라 가운데 최초로 술탄이 지배하지 않고 국민이 뽑은 의회와 대통령이 다스리는 공화국이 수립된 것이다. 새 공화국은 터키인을 위한 새로운 터키를 건설하면서, 동시에 새로운 터키를 위한 터키인을 창조하는 일을 시작했다.

● 터키의 수도 앙카라

1923년 10월 13일 국회는 앙카라를 수도로 하는 법을 통과시켰다. 당시 수도 이스탄불은 인구 79만 명의 대도시로 정치, 경제, 사회, 문화의 중심지이자 세계적인 도시였다. 이에 비해 앙카라는 해발 848미터의 분지에 있는 인구 3만 정도의 먼지투성이 조그만 촌락에 불과했다. 우편과 전보, 이스탄불로 가는 철도만이 외부와 연결된 유일한 통로였고, 식당이 겨우 하나 있을 뿐 정부를 세울 만한 적당한 건물도 없었다. 그럼에도 불구하고 케말 정부가 앙카라를 수도로 삼은 데는 이유가 있었다. 공화국이 독립할 당시 이스탄불은 술탄과 서구 열강의 지배 아래 있었고, 군사

앙카라 터키 공화국의 수도로 국민의회 소집 등 공화국을 수립하기 위한 저항 운동이 일어났으며, 각종 관공서와 외국 대사관 등이 있다.

적인 방어를 하는 데도 적합하지 않았다. 또한 국민의회 소집 등 공화국을 수립하기 위한 저항 운동이 주로 앙카라를 중심으로 한 동부 아나톨리아 지역에서 전개되었다.

이와 같은 이유로 앙카라가 공화국의 수도가 되었지만, 서구 열강은 이를 인정하지 않았다. 터키 정부가 대사관이 들어설 땅을 무료로 내주면서 이스탄불에 있는 외국 공관을 앙카라로 옮기라고 요구했지만, 영국과 프랑스, 이탈리아 등은 이를 강력히 반대했다. 터키 공화국이 조만간 무너지고 이스탄불이 다시 수도가 될 것이라고 판단했기 때문이다. 1925년 소련과 아프가니스탄이 대사관을 앙카라로 옮긴 뒤, 1929년에야 이탈리아, 프랑스가 뒤를 따랐다.

오늘날 앙카라는 관공서와 외국 대사관 등이 있는 행정 도시의 역할을 담당하고 있다. 반면에 이스탄불은 인구 1000만 명이 넘는 세계적인 도시로 한 해에도 수백만 명의 외국인이 방문하는 터키의 중심 도시다.

터키 공화국의 영웅
무스타파 케말 아타튀르크

무스타파 케말. 이름인 무스타파는 '완벽하다'는 뜻이고, 성인 케말은 '성숙하다'는 뜻을 가지고 있다. 케말은 아타튀르크라고도 불리는데, 여기서 아타는 아버지, 튀르크는 터키인 이라는 의미로 '터키인의 아버지'라는 뜻이다. 즉 무스파타 케말 아타튀르크는 '케말이라 는 이름을 가진 성숙하고 완벽한 터키인의 아버지'라는 긴 뜻을 가지고 있다.

케말은 1881년 현재 그리스 땅인 테살로니키(살로니카)에서 태어났다. 케말이라는 이름 은 중학교 때 수학 선생님이 지어 주었다. 케말이 수학을 잘하자 수학 선생님은 "너, 참 잘 한다. 완벽한 놈이다. 내 이름을 너에게 주마"라며 '케말'이라고 불렀다. 그는 고향에서 초 등학교를 마친 뒤 군사 중등학교와 고등학교를 졸업하고 이스탄불의 사관학교에 들어갔다. 사관학교에서 독일어와 프랑스어를 공부하던 그는 나폴레옹이 프랑스를 이끌었던 것에 큰 감명을 받고 자신도 나폴레옹같이 되겠다고 결심했다. 당시 오스만 제국은 영국, 독일, 프 랑스 등 열강의 먹잇감이었다. 케말은 청년 튀르크 운동에 가담해 연합진보위원회의 한 사 람으로 활동했으며, 터키 공화국을 수립하고 초대 대통령이 되어 1923년부터 1938년까지 15년 동안 일했다.

케말이 튀르크의 민족적 영웅이 된 것은 제1차 세계대전 중에 있었던 갈리폴리(겔리볼루) 전투에서다. 당시 영국과 프랑스 연합군은 이스탄불의 서쪽인 갈리폴리 반도에 상륙해 남 쪽에서 독일을 공격하겠다는 작전을 세웠다. 영국, 인도, 오스트레일리아의 영 연방군과 프

케말 아타튀르크 기념관 앙카라 시가지가 내려 다보이는 서쪽 구릉에 자리 잡고 있는 묘소. 터 키를 방문하는 외국 사절들이 참배하고 헌화하 는 곳이다. 케말이 사망한 11월 10일에는 참배 객들로 발 디딜 틈이 없다.

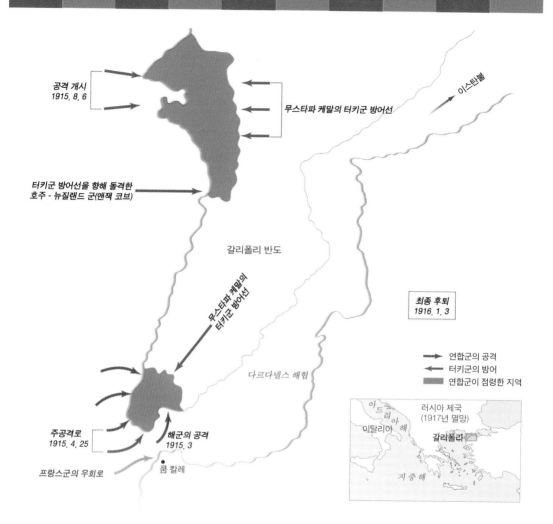

공격 개시
1915. 8. 6

무스타파 케말의 터키군 방어선

터키군 방어선을 향해 돌격한
호주 - 뉴질랜드 군(앤잭 코브)

갈리폴리 반도

무스타파 케말의
터키군 방어선

최종 후퇴
1916. 1. 3

다르다넬스 해협

연합군의 공격
터키군의 방어
연합군이 점령한 지역

주공격로
1915. 4. 25

해군의 공격
1915. 3

프랑스군의 우회로

쿰 칼레

이스탄불

러시아 제국
(1917년 멸망)

아
드
리
아
해

이탈리아

갈리폴리

지중해

갈리폴리 전투 제1차 세계대전 때 다르다넬스 해협에 있는 갈리폴리 반도에 상륙하려는 영국과 프랑스 연합군을 케말이 이끄는 터키군이 물리친 전투로, 이 과정에서 케말은 터키의 국민적 영웅으로 떠올랐다.

1915년 갈리폴리 전투에 참전한 무스타파 케말

랑스군은 20만 명의 대군을 이끌고 갈리폴리 반도로 상륙을 시도했다. 이에 맞서는 오스만군의 숫자는 불과 1만 4000명이었다. 하지만 사령관 케말은 군대를 갈리폴리 반대쪽의 차나칼레에 주둔시키고, 익숙한 지형을 이용해서 연합군을 공격했다. 갈리폴리 반도와 차나칼레 사이의 다르다넬스 해협은 흑해와 지중해가 연결되는 좁은 지역으로, 물의 흐름이 거세고 배가 움직이기 힘든 곳이다. 지형에 익숙하지 않은 연합국 함대는 상륙할 곳을 찾지 못해 절벽 밑에 배를 대다가 거센 파도에 부딪쳐 침몰되는가 하면, 바닷물이 순식간에 빠지면서 배가 개펄에 빠져 버려 움직이지 못하기도 했다. 케말의 부

무스타파 케말 동상

대는 이 기회를 놓치지 않고 연합군에 맹공을 퍼부었다. 여러 차례의 접전 끝에 케말은 연합국 함대가 해협을 통과하지 못하도록 막고 막대한 손실을 입히는 데 성공했다. 연합군은 육군 11만 명, 전함 7척, 기타 함선 10여 척을 잃고 물러났다. 수적인 열세에도 불구하고 오스만 군대가 20만의 연합국 군대를 완전히 무찔렀다는 소식이 전해지자 이스탄불 사람들은 환호성을 질렀고, 케말은 튀르크의 영웅이 되었다.

아직도 케말은 터키인이 가장 존경하는 인물이다. 해마다 그가 숨을 거둔 시간인 11월 10일 오전 9시 5분에 전국에서 사이렌이 울리면, 차와 사람들은 모두 멈추고 그를 기리는 묵념을 한다. 앙카라에는 그를 기리는 거대한 묘지가 세워져 있다. 그의 초상화는 관공서와 학교뿐만 아니라, 동네의 조그만 구멍가게에도 걸려 있다. 사람이 많이 모이는 공원이나 큰 거리에는 거의 빠짐없이 그의 동상이 세워져 있다. 터키 지폐의 앞면에는 그의 초상화가 그려져 있으며, 대도시의 큰 거리 대부분은 그의 이름으로 불리고 있다. 아타튀르크는 터키인의 생활 속에 아직도 살아 있다.

8장

현대의 터키

터키 공화국은 세속주의를 중심으로 근대화와 서구화를 추진했다. 터키 문자를 만들고 페즈를 쓰지 않게 했으며, 모든 국민이 성을 갖도록 했다. 공화인민당에서 민주당으로 평화적인 정권 교체가 이루어지면서 민주주의가 발전했지만, 정치적인 혼란이 거듭되면서 군부가 쿠데타를 일으켜 정치에 개입하기도 했다. 현재는 이슬람주의와 세속주의의 대립, 경제 위기와 인플레이션, 유럽연합(EU) 가입 등의 과제를 안고 있다.

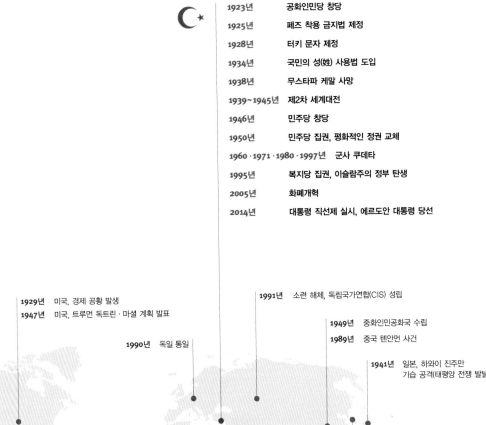

1923년	공화인민당 창당
1925년	페즈 착용 금지법 제정
1928년	터키 문자 제정
1934년	국민의 성(姓) 사용법 도입
1938년	무스타파 케말 사망
1939~1945년	제2차 세계대전
1946년	민주당 창당
1950년	민주당 집권, 평화적인 정권 교체
1960 · 1971 · 1980 · 1997년	군사 쿠데타
1995년	복지당 집권, 이슬람주의 정부 탄생
2005년	화폐개혁
2014년	대통령 직선제 실시, 에르도안 대통령 당선

| 1929년 | 미국, 경제 공황 발생 |
| 1947년 | 미국, 트루먼 독트린 · 마셜 계획 발표 |

| 1991년 | 소련 해체, 독립국가연합(CIS) 성립 |

| 1949년 | 중화인민공화국 수립 |
| 1989년 | 중국 톈안먼 사건 |

| 1990년 | 독일 통일 |

| 1941년 | 일본, 하와이 진주만 기습 공격(태평양 전쟁 발발) |

| 1980년 | 이란 · 이라크 전쟁 |

| 1948년 | 대한민국 정부 수립 |
| 1950년 | 한국 전쟁 발발 |

| 1962년 | 쿠바 봉쇄 |

| 1962년 | 알제리 독립 |

1 │ 새로운 터키가 탄생하다

세속주의를 추구하다

무스타파 케말은 국민의 지지와 신뢰 속에 초대 대통령이 되었고, 새로운 터키 건설을 이끌었다. 1923년에 공화인민당이 만들어지고, 국민 주권의 원칙에 따라 국민들의 직접 선거로 의원이 선출되었으며, 의회가 입법권과 함께 행정권을 가졌다. 의회에서 대통령이 선출되고, 의회 다수당의 대표가 총리로서 내각을 운영했다.

　1931년 4월 케말 대통령은 의회에 참석해서 공화국을 운영할 기본 원칙에 대해 연설했다.

　"존경하는 의원 및 국민 여러분, 저는 터키 공화국의 대통령으로서 터키의 발전을 이끌어 갈 여섯 가지 기본 원칙을 발표하겠습니다. 세속주의, 공화주의, 국민주의, 개혁주의, 민족주의, 국가주의가 그것입니다. 정치와 종교를 분리하는 세속주의를 추진하고 공화주의를 실현

공화인민당 깃발 6개의 화살표는 터키 공화국이 추구하는 세속주의, 공화주의, 국민주의, 개혁주의, 민족주의, 국가주의를 상징한다.

하겠습니다. 앞으로 튀르크 민족의 단결을 꾀하는 민족주의와 모든 국민이 하나가 되는 국민주의를 지속적으로 발전시켜 나가겠습니다. 개혁주의를 통해 전통적인 오스만 제국을 근대화합시다. 나아가 국가가 경제 정책에 적극적으로 개입하는 국가주의를 통해 국민 여러분이 편안하게 잘 살 수 있도록 노력하겠습니다. 국민 여러분과 의원 여러분의 적극적인 참여를 바랍니다."

이 여섯 가지 원칙은 터키 공화국 헌법에도 포함되었고, 당을 상징하는 공화인민당 깃발에도 6개의 화살로 표현되었다.

케말은 이미 공화국 초기부터 정치와 종교를 분리하는 세속주의를 추진해 왔다.

1924년 의회에서는 논란 끝에 '칼리프 제도를 없애고, 압둘 하미드를 퇴위시키며, 오스만 왕가를 국외로 추방한다'는 결정을 내렸다. 의회의 결정으로 이슬람 율법에 따라 재판하는 셰리아트 법정(종교 법정)이 폐지되었다. 대신에 이탈리아 형법, 스위스 민법, 독일의 상법 등이 도입되고 세속 법정이 만들어졌다. 또한 종교 재단과 종교 학교도 폐지되었다. 1928년에는 헌법을 수정하면서 '터키의 국교는 이슬람교'라는 조항을 아예 삭제했다. 이로써 터키는 국교가 없는 나라가되었다.

많은 터키인들은 충격에 빠졌다.

"오스만 제국 때부터 600여 년간 이어져 온 칼리프 제도를 폐지하다니?"

"그래도 정부가 모스크에서 예배드리는 것까지 금지한 건 아니잖아? 정치나 사회 면에서 이슬람교의 영향력을 줄이자는 거지."

"아니야, 난 생각이 달라. 그래도 우린 무슬림들이야. 알라와 무함마드의 계시를 삶에서 실천하는 사람들이라고. 지금 정부는 너무 급하게 몰아붙이고 있어. 그냥 있을 순 없어."

일부 지식인들은 세속주의에 반대해 공화인민당을 탈당했고, 쿠르드족들은 반란을 일으켰다. 케말 정부는 질서유지법을 만들어 40여 명에게 교수형을 선고하고, 이스탄불 신문들을 폐간시키는 등 단호한 조치를 취했다.

세속주의를 추진한 결과, 터키는 다른 이슬람 국가들과는 다른 서구화된 모습을 띠게 되었다. 물론 터키 사회에서 이슬람의 관습이나 영향력이 크게 줄어든 것은 아니었다. 다만 정치나 사회 면에서 이슬람의 영향력이 제한된 것이다. 하지만 터키에서는 세속주의와 이슬람주의가 대립했으며, 세속화와 서구화에 대한 반작용으로 이슬람으로의 복귀를 추진하는 정치 세력이 나타나기도 했다. 오늘날까지도 세

● **터키에서 이슬람교의 위치** | 1924년에 제정된 최초의 헌법에서는 이슬람교를 국교로 정했다. 하지만 1928년 헌법을 수정하면서 이 조항을 삭제했다. 나아가 1961년에 개정된 헌법 제19조는 "모든 개인은 양심과 종교적 신앙과 의견의 자유를 가지며, 모든 종류의 예배나 종교 행사 및 의식은 도덕 및 법률에 저촉되지 않는 한 자유다"라고 밝히고 있어, 터키 국민은 누구나 종교의 자유를 누릴 수 있다.

속주의에 대한 갈등이 지속되고 있으며, 세속주의에 대한 이해 없이 터키를 이해하는 것은 불가능한 일이다.

서구화를 추진하다

1925년 8월 어느 날, 케말이 파나마모자를 쓰고 나타났다. 그는 모자를 손에 들고는 "이것은 '샤프카'입니다. 모든 문화인들은 문명화된 머리 장식물을 써야 합니다. 이제 구시대의 유물인 페즈를 벗어 던지십시오"라고 말했다. '모자'라는 뜻의 '샤프카'는 유럽식 모자를 말하는데, 케말은 샤프카를 쓰면 구시대로부터 벗어나 서양식 사고방식을 가질 수 있다고 생각했던 것이다.

100여 년 전 술탄 마흐무트 2세가 터번을 벗고 새로운 모자를 쓰게 하면서 서구화의 상징이 되었던 '페즈'가 이제는 구시대의 유물 취급을 받게 된 것이다.

일부 신문들도 연일 샤프카를 '문명화된 머리 장식' 또는 '테가 있는 머리 덮개'라고 보도하면서 케말 정부의 정책을 적극 지지했다. 관리들도 유럽형 모자를 서둘러 사서 썼다. 그해 11월 의회에서는 '페즈 착용 금지법'을 통과시켰다. 이제 더 이상 페즈를 쓸 수 없게 되었다. 나아가 '의상법'이 통과되면서 여성들이 공공장소에서 히잡을 쓰는 것이 금지되었다.

동부 아나톨리아 지역에서 '페즈 착용 금지법'에 반대하는 폭동과 시위가 일어났지만, 케말 정부는 시위 주도자들을 세속 법정에 세워 교수형에 처해 버렸다. 바자르에는 페즈 대신 온갖 종류의 유럽식 모자들이 넘쳐 났다. 그중 챙이 달린 모자가 가장 인기가 많았는데, 뒤쪽으로 챙을 돌리면 모자를 쓴 채 이마를 땅에 대고 기도를 할 수 있었기 때문이다.

1926년에는 이슬람 월력과 오스만 제국의 달력 대신에 서양 달력을 공식적으로 사용했다. 이에 따라 휴식일이 이슬람식의 금요일에서 유럽식의 토요일, 일요일로 바뀌었다. 민법에서는 일부다처제를 금지했고, 혼인 신고를 해야 결혼이 성립되도록 했다. 이렇듯 복장이나 달력 같은 작고 사소한 것조차도 이슬람을 버리고 서구식으로 바꾸었다. 강압적인 방법 때문에 반발이 따르긴 했지만, 이로써 터키는 이슬람 국가 가운데 가장 서구화된 나라가 될 수 있었다.

전 국민이 읽고 쓸 수 있는 터키 문자를 만들다

무스타파 케말은 전 국민이 읽고 쓸 수 있는 문자를 만들었다. 터키인들은 자신들의 말을 적을 수 있는 글자가 없어서 오랫동안 아랍 문자를 빌려 쓰고 있었다. 물론 튀르크 제국 시절에 세운 오르혼 비문에 튀르크 문자가 쓰였지만, 오래전에 튀르크 제국이 멸망하면서 오늘날까지 이어지지는 않았다. 아랍 문자는 단어 속의 위치에 따라 글자 형태가 변하기 때문에 배우기가 어려웠을 뿐만 아니라, 발음이 부드럽고 모음이 풍부하며 악센트가 없는 터키어의 특징을 표현하는 데 적절하지 않았다. 때문에 문맹률이 높아 겨우 10퍼센트의 국민만이 글을 읽고 쓸 줄 알았다. 이래서는 나라가 발전할 수 없다고 생각한 케말은 쉽게 배우고 쓸 수 있는 새로운 글자를 만들고자 했다.

터키 문자를 설명하는 아타튀르크 프랑스 잡지 《일뤼스트라시옹(L' Illustration)》에 실린 사진으로, 케말은 새로 만든 터키 문자를 널리 보급하기 위해 공원이나 학교 등에서 직접 가르치기도 했다.

마침내 1928년 8월 9일 이스탄불의 공원에서, 케말은 라틴 문자를 기초로 터키어 발음에 맞게 만든 터키 문자를 발표했다. 옆에 세워 놓은 칠판에 자음과 모음을 사용해서 글자를 써 내려가자 사람들이 웅성거리기 시작했다.

"아! 우리가 설탕이라고 하는 쉐케르를 'Şeker'라고 쓸 수 있구나."

"정말이네! 신기하다."

터키인들은 1928년에야 자신들의 문자를 갖게 된 것이다.

학생들은 학교에서 새 글자를 익혔고, 공원 등 사람이 많이 모이는 곳에서는 어디서든 글자를 가르치고 배우는 광경을 볼 수 있었다. 전국이 학교였고, 전 국민이 학생이었다. 케말도 직접 전국의 학교나 공원을 돌며 글자를 가르쳤다. 공문서나 신문, 교과서 등 많은 출판물들이 터키 문자를 사용했다.

나아가 케말 정부는 터키 언어학회와 역사협회를 만들어 민족의식을 높이려 했다. 학생들은 학교에서 터키 문자와 터키 역사를 배웠다. 초등학교 어린이들은 "나는 터키인이며 정직하고 부지런하다. 약한 자를 보호하고 어른을 공경하며, 조국에 봉사할 것을 맹세한다"는 맹세문을 암송했다. 모스크에서는 기도 시간을 알리는 아잔을 아랍어 대신 터키어로 사용했고, 예배 때 사람들은 터키어로 된 쿠란을 읽었

다. 드디어 터키인들은 언어와 문자로 하나가 되었다. 터키 민족주의
가 실현된 것이다.

새로 만들어진 터키 문자는 배우기 쉽기 때문에 요즘 터키에서는
글자를 읽지 못하는 사람은 거의 찾아볼 수 없다. 반면에 아랍 문자를
읽을 수 있는 사람이 거의 없어, 오스만 제국의 유산을 계승하는 데
어려움을 겪기도 한다.

모든 국민에게 성을!

"무스타파."

"네.", "네.", "네."

"너희들 중에 누가 진짜 무스타파냐?"

"선생님, 저예요. 절름발이 무스타파요."

"저도 무스타파예요. 아버지가 블루모스크 앞에서 케밥을 만들어
파는 무스타파란 말이에요."

선생님이 당황한 사이에 한 아이가 조용히 훌쩍이고 있었다.

"너는 왜 우니?"

"전 어제 이즈미르에서 온 무스타파예요. 다른 아이들이 자기가 무
스타파라고 우겨서……."

이스탄불의 초등학교에서는 선생님이 출석을 부를 때 거의 날마다
같은 이름을 가진 아이들이 동시에 대답하는 진풍경이 벌어졌다. 많
은 사람들이 일자리를 찾고 돈을 벌기 위해 이스탄불로 몰려들면서
생긴 일이었다.

본래 대부분의 터키인들은 거의 성을 쓰지 않았다. 대신에 주로 아버지의 이름을 쓰거나 자신의 이름에 출생지나 신체적인 특징을 나타내는 말을 덧붙여서 불렀다. 그러다 보니 한 마을에 빵을 굽는 무스타파, 양치기 무스타파, 절름발이 무스파타 등 이름이 같은 사람이 여러 명 있을 수밖에 없었다. 다행히 작은 마을에서는 '이즈미르의 무스타파'와 '절름발이 무스타파'같이 출신 고향이나 신체적 특징을 별명처럼 이름 앞에 붙여서 서로를 구별할 수 있었다. 하지만 도시가 커지면서 사람들의 이동이 늘고 사회가 복잡해지자, 같은 이름을 가진 사람이 많아지면서 이런 혼란이 벌어진 것이다.

　이를 해결하기 위해 의회는 1934년에 '모든 국민들은 의무적으로 성을 가질 것'을 법으로 정했다. 먼저 의회는 무스타파 케말에게 '터키인의 아버지'라는 의미를 가진 '아타튀르크'라는 성을 붙여 '무스타파 케말 아타튀르크'라고 불렀다. 수상 이스메트에게는 그가 제1차 세계대전 때 대승을 거둔 이뇌뉘 지역을 성으로 주어 '이스메트 이뇌뉘'라고 불렀다.

　법에 따라 많은 사람들이 저마다 성을 만들었다. 자신의 신체적 특징을 따서 성을 만든 사람들도 있었다. 절름발이 아들은 '토팔올루', 손가락이 없는 아들은 '파르막스즈올루'라 지었다. 또 자신이 하는 일에 따라 성을 짓기도 했다. 건설업자는 '야프즈', 벌꿀을 만드는 사람은 '발즈'라고 했다. 직공 아들은 '출하올루', 케밥 장수 아들은 '케밥즈올루'와 같이 아버지의 직업을 따서 성을 만들기도 했다. 출신 지역을 따서 성을 짓기도 했는데, 이즈미르 사람은 '이즈미를리', 부르사 사람은 '부르살르'라고 불렀다. 물론 아흐메트, 무스타파 같은 전통적인 이름도 여전히 성으로 사용되었다.

국가가 경제 발전에 개입하다

여러 개혁이 추진되는 동안 1929년에 미국에서 시작된 세계 대공황의 한파가 터키에도 몰아닥쳤다. 경제가 어려워지자 터키는 수입을 제한하고 국산품을 애용하자는 운동을 펼쳤다. 심지어 신성한 모스크의 벽이나 미나레트에 "소비는 죄, 국산품을 사자"라는 문구를 붙이기도 했다.

본래 터키는 넓고 비옥한 땅과 다양한 기후 덕분에 밀이나 과일이 풍부해 먹고사는 데 큰 부족함이 없었다. 하지만 철도 등 국가의 기간산업은 외국인이 소유하는 경우도 많았다. 이에 케말은 국가주의를 원칙으로 삼아 국가가 경제에 적극 개입해서 경제를 발전시키고 자급자족을 이루고자 했다. 외국에서 자본을 빌리는 일을 최소한으로 줄이고, 외국인이 소유한 터키 내의 철도도 사들였다. 정부와 은행에서 터키 자본가를 지원해 터키인이 경영하는 농업과 광업, 공업의 발전을 꾀했다.

1934년에는 경제개발 5개년 계획을 수립했다. 카이세리에 섬유 생산 단지를 건설하고, 종이와 유리, 시멘트 등을 생산하는 공장을 세웠다. 또한 농업 생산력을 높여 밀을 외국에 수출하기도 했다. 1936년에는 노동법을 만들어 파업 금지와 함께 재해로 말미암아 사망했을 때 정부가 보장하는 사회보장제도를 실시했다.

그런데 이렇게 열정적으로 활동하던 케말이 1938년 11월 10일 오

무스타파 케말의 사망 왼쪽은 온 국민의 깊은 애도 속에서 국장으로 치러진 케말의 장례식 모습이다. 오른쪽은 케말이 사망한 오전 9시 5분에 멈춰 있는 돌마바흐체 궁전의 시곗바늘이다. 국민의 추앙을 받은 케말을 기념하기 위해 돌마바흐체 궁전뿐만 아니라, 토프카프 궁전의 시계도 같은 시간에 멈춰 있다.

전 9시 5분, 돌마바흐체 궁전에서 갑자기 심장마비로 사망하고 말았다. 전국은 슬픔으로 가득 찼다. 이스탄불에서 앙카라로 시신이 운구되는 동안 철도 주변에 있는 마을에서는 농민들이 횃불을 들고 나와 마지막 길을 배웅했다. 터키인의 아버지이자 공화국 수립의 아버지, 열정과 추진력으로 오늘날 터키의 기초를 닦았던 케말은 앙카라 서편 말테페의 높은 묘지에 묻혔다. 이로써 아타튀르크 시대의 터키는 끝나고 새로운 시대가 열렸다.

2 | 냉전의 시대, 서방 진영에 가담하다

제2차 세계대전의 국가적 위기를 넘다

아타튀르크가 사망한 후 그의 평생 동지였던 이스메트 이뇌뉘가 의회에서 만장일치로 대통령으로 선출되었다. 하지만 그가 대통령이 되던 1938년 세계적으로 또다시 전운이 감돌았다. 미국에서 시작된 경제 공황이 전 세계로 확대되면서 경제적 위기를 맞이한 독일과 이탈리아, 일본에서는 전체주의 체제가 등장했다. 독일의 히틀러와 이탈리아의 무솔리니는 국민들을 총동원해 군사력을 강화시킨 후 주변 나라들을 위협했다. 터키 역시 히틀러와 무솔리니의 압력을 받았다.

1939년 9월 1일, 독일이 폴란드를 침공하면서 마침내 제2차 세계대전이 발발했다. 제1차 세계대전 때 독일 편에 가담했다가 나라가 없어질 위기를 맞았던 터키는 이를 교훈 삼아 가능한 한 중립을 지키려고 했다. 그러나 상황은 원하는 대로 전개되지 않았다. 독일이 폴란드를

아타튀르크와 이뇌뉘 이스메트 이뇌뉘는 케말 아타튀르크와 평생 동지이며, 케말의 뒤를 이어 터키 공화국의 두 번째 대통령이 되었다.

공격하자 터키는 영국, 프랑스 등과 손을 잡을 수밖에 없었다. 하지만 직접적인 군사 개입은 가능한 한 피하려 했다.

제2차 세계대전 초기에 독일, 이탈리아 등은 파죽지세로 유럽 전 지역을 점령했다. 프랑스가 항복하고 그리스가 점령되었으며, 에게해 섬들과 불가리아가 이들의 손에 넘어갔다. 하지만 1944년 6월 6일, 노르망디 상륙 작전을 계기로 전세가 바뀌면서 독일이 후퇴하기 시작했다. 그때까지 중립을 지켜 오던 터키는 1945년 2월 23일, 드디어 독일에 선전 포고를 했다. 이후 연합국의 압력과 총공세로 독일과 일본이 잇따라 항복하면서 제2차 세계대전은 끝이 났다.

전체주의 국가들과 미국, 영국, 프랑스, 소련 등 연합국 사이에 6년간에 걸쳐 벌어진 전쟁은 4000만~5000만 명의 사상자를 낸 인류 역사상 가장 큰 전쟁이자 피비린내 나는 전쟁이었다. 다행히도 터키는 이번에는 별다른 피해 없이 국가적 위기를 넘겼다.

이뇌뉘 정부, 미국과 손을 잡다

터키는 제2차 세계대전으로 인한 직접적인 피해를 입지는 않았지만, 전후 경제적인 위기와 소련의 위협 때문에 큰 어려움을 겪었다. 신발 가격만 해도 5배나 오르는 등 전쟁 전에 비해 물가가 3배 이상 오르면서 국민의 생활이 어려워졌다. 또한 외국과의 무역에서 적자가 점점 늘어났지만 정부는 엄청난 군사비를 줄일 수가 없었다. 게다가 소련의 위협까지 계속되었다. 소련은 '이스탄불 해협에 대한 군사적 방어권을 공동으로 갖자'고 강요했다. 이뇌뉘 정부가 '터키의 주권을 침해하는 일로 절대 양보할 수 없다'며 막았지만, 언제 또다시 소련의 강요가 있을지 장담할 수 없는 상황이었다.

제2차 세계대전 이후 미국과 소련을 중심으로 냉전이 시작되었다. 미국 대통령 트루먼은 소련의 세력이 커지는 것을 막기 위한 정책으로 이른바 '트루먼 독트린'을 추진했다. 그 가운데 하나로 1947년 3월 12일 트루먼 대통령은 의회에 "소련 공산주의의 침략 위협을 막아 내기 위해 그리스와 터키에 4억 달러를 지원해 달라"고 요청했다. 뒤이어 미국 국무 장관 마셜은 경제 상황이 손쓸 수 없을 만큼 어려워진 유럽 여러 나라를 구제한다는 구실 아래 유럽 경제 부흥 계획을 추진했다. 반면 소련은 미국의 대외 원조 계획에 대한 반대 조치로 동유럽 여러 나라와의 상호 원조 체제를 강화했다. 나아가 미국과 서유럽 국가들이 집단 방위 조약인 북대서양 조약 기구(NATO)를 결성하자, 소련과 동유럽 국가들은 이에 대응해 바르샤바 조약 기구(WTO)를 만들었다. 이리하여 냉전 체제는 세계적인 규모로 더욱 굳어졌다.

터키 내에서도 미국의 원조를 받을 것인가를 둘러싸고 논쟁이 벌어졌다. 결국 이뇌뉘 정부는 경제적인 위기를 극복하고 소련의 위협으로부터 벗어나기 위해 미국과 손을 잡았다. 1947년부터 4억 달러어치의 물자와 함께 민간인과 군인이 터키에 파견되었다.

이를 계기로 터키는 미국 중심의 서방 진영에 가담하게 되었다. 그 뒤 1950년에는 유엔의 요청에 따라 유엔군의 일원으로 한국 전쟁에 터키군을 파견했다. 또 1952년에는 그리스와 함께 북대서양 조약 기구에 가입했으며, 이즈미르에 남동부 유럽 나토(NATO) 사령부 본부가 세워졌다.

3 | 평화적 정권 교체로
민주주의가 발전하다

공화인민당에서 민주당으로, 평화적인 정권 교체가 이루어지다

1950년, 터키 역사상 처음으로 평화적인 정권 교체가 이루어졌다. 이 해에 실시된 의원 선거에서 민주당이 공화인민당을 누르고 집권당이 된 것이다. 의회의 다수 의석을 차지하는 정당의 대표가 수상과 대통령이 되는 내각책임제를 채택한 터키에서 공화국이 수립된 지 27년 만에 일어난 일이었다. 이뇌뉘 대통령은 민주당의 바야르에게 흔쾌히 정권을 넘겨주었다. 터키의 민주주의가 성큼성큼 발전해 가는 역사적인 일이 벌어졌다.

사실 1946년까지 터키의 정당은 아타튀르크가 만든 공화인민당 하나뿐이었다. 당시 많은 지식인들이 "20여 년간 하나의 정당이 계속 통치하는 것은 비민주적이다"라며 정부를 비판했다. 또한 국민들도 "제2차 세계대전 후 물가가 폭등하고 경제가 어려워졌다"며 그 책임을 공화인민당에 돌렸다.

이처럼 국민들과 지식인의 강한 저항에 부딪친 이뇌뉘 정부는 1946년 결국 정당 결성의 자유를 허용했다. 곧바로 세랄 바야르, 아드난 멘데레스 등이 민주당을 창당했다. 그때부터 비로소 터키에서 여당과 야당이 서로 협력하고 경쟁하는 명실상부한 정당 정치가 시작되었다.

나아가 1950년 선거에서 민주당이 승리하면서 바야르가 대통령, 멘데레스가 총리가 되었다. 터키 역사상 처음으로 평화적인 정권 교체가 이루어진 것이다. 많은 터키인들은 스스로를 무척 자랑스러워 했다.

이후 10년 동안 민주당이 계속 집권했다. 민주당 정부는 민간 기업을 육성하고 외국 자본을 끌어들여 농업을 근대화했으며, 도로와 댐을 건설하는 등 여러 성과를 거두었다. 하지만 1950년대 후반에 접어들면서 인플레이션으로 경제적인 위기를 맞고, 정부의 친이슬람 정책 등에 대한 군부와 지식인, 학생들의 불만이 커지면서 민주당 정부 또한 위기를 맞았다.

군부의 개입과 민주주의의 발전

정치, 사회적 혼란이 거듭되던 1960년 5월 27일, 터키 군부가 쿠데타를 일으켰다. 군사 정권은 의회를 해산하고 모든 정당의 정치 활동을 금지시킨 뒤 헌법을 새로 만들고 의회를 다시 구성했다. 새 의회에서 대통령과 수상이 선출되자 군부는 권력을 새 정부에 넘기고 물러났다. 이후 10년간 다시 민주적인 절차에 따른 정당 정치가 이루어졌다.

하지만 1960년대 후반에 들어서면서 좌우익 학생들 간의 충돌과 총

격전으로 사회가 혼란해진 틈을 타 터키 군부는 1971년 다시 쿠데타를 일으켰다. 2년 뒤 군부가 정권을 민간에게 넘겨주면서 정당 정치가 부활했지만, 이후 8년 동안은 어느 한 정당도 과반수 의석을 차지하지 못하는 상황이 빚어졌다. 여러 차례 소수 정당들 사이에 연립 내각이 구성되면서 사회는 더욱 혼란에 빠지고 경기는 침체되었으며, 정치적 대립은 깊어져 갔다. 심지어는 대통령의 임기가 끝났지만 의회에서 새 대통령을 선출하지 못하는 상황까지 벌어졌다.

이렇듯 정치적인 혼란이 거듭되자, 1980년에 군부가 또다시 쿠데타를 일으켰다. 3년간의 군사 정권 시기를 거친 후 새롭게 총선거가 실시되었고, 조국당이 과반수 의석을 차지하면서 정권을 잡았다. 이후 조국당 정부는 경제 성장을 이루기도 했지만, 극심한 인플레이션을 겪기도 했다.

40년 동안 네 차례(1960, 1971, 1980, 1997)나 군부가 쿠데타를 일으켰지만 정당 정치는 계속되었다. 군부에 대한 터키인의 지지와 신뢰도 높은 편이다. 또한 군부의 정치 개입에 대해서도 부정적이지 않다. 정치가 혼란할 때면 군부가 개입했다가 이후 질서가 회복되면 정권을 민간에게 넘겨주었기 때문이다. 나아가 오스만 제국 시대부터 이어져 온 엘리트적 전통, 장군 출신인 아타튀르크에 대한 국민의 절대적인 지지, 군부의 청렴성과 정직성, 애국심 등이 신뢰의 바탕이 되었기 때문이다.

공화국 건국 이후 터키는 내각책임제와 대통령제가 혼합된 정치 제도를 운영해 왔다. 의회는 국민이 직접 뽑은 4년 임기의 의회 의원 550명으로 구성되었다. 의원의 다수를 차지하는 정당의 대표가 총리가 되어 행정을 책임지는 내각책임제를 기본으로 하였고, 동시에 의회에서 5년 임기의 대통령을 선출하였다. 일반적인 내각책임제와는 달리, 터키의 대통령은 대통령제 국가의 대통령과 같이 국회 소집권, 국민투표 요청권 등 내각을 견제할 수 있는 실질적인 권한을 가지고 있었다.

2003년부터 정의개발당과 에르도안 총리가 계속 집권하면서 실업률 감소, GDP 증가, 1인당 GDP 1만 달러 진입 등의 경제 성장을 이루었다. 이를 바탕으로 에르도안은 2017년 4월 16일 국민투표를 통해 내각책임제를 5년 중임의 대통령중심제로 바꾸는 헌법 개정안을 통과시켰다. 이로써 터키는 1923년 공화국 수립 이후 94년 동안 유지되어 온 내각책임제가 폐지되고 대통령제로 바뀌었다. 대통령에게는 내각 임명권과 해산권 등 막강한 권한이 주어졌다. 나아가 중임 대통령이 임기 중 조기 선거를 치러 당선되면 또다시 5년을 재임할 수 있게 됐다. 따라서 이론적으로 에르도안 대통령은 오는 2033년까지, 총리 집권 기간까지 합하면 30년 이상 터키의 통치자로 머물 수 있게 되었다. 이에 야당은 개표 조작 의혹을 제기하면서 '제왕적 대통령', '21세기 술탄'이라고 비판했다.

터키가 풀어야 할 숙제

이슬람주의와 세속주의의 대립

1995년 이후 터키가 안고 있는 과제는 세속주의와 이슬람주의의 대립을 해결하고, 경제적인 위기를 극복하는 것, 그리고 유럽연합에 가입하는 것이다.

본래 터키는 이슬람교의 영향력이 강한 나라지만, 헌법에서 종교의 자유를 인정하는 세속주의를 추구하고 있었다. 세속주의는 아타튀르크 때부터 계속 강조되어 온 공화국의 핵심 원리이기도 했다. 하지만 세속주의가 강조될수록 이슬람 세력의 저항도 커져 갔다.

"학생, 히잡을 쓰고 강의실에 들어가면 안 됩니다. 히잡을 벗어 주세요."

"왜 히잡을 쓰면 안 되나요?"

터키의 대학 강의실 앞에서는 히잡을 쓴 여대생들과 학교 측이 충돌하는 장면을 쉽게 볼 수 있었다. 일부 여대생들이 세속주의에 저항하고 이슬람주의를 적극적으로 주장하기 위한 방법의 하나로 히잡을 쓰고 강의를 들으려 하자, 학교 측이 이를 막으면서 충돌이 일어난 것이다.

"지금 우리나라의 헌법에는 종교의 자유가 보장되어 있습니다. 어느 한 종교를 표현하는 히잡은 다른 종교를 가진 사람들에게 불편을 끼치기 때문에 안 됩니다."

"우리 국민의 99퍼센트가 무슬림이에요. 무슬림이 자신들의 상징인 히잡을 왜 금지당해야 하나요? 히잡은 이슬람교의 자유를 표현하는 거죠."

대립이 계속되자 터키 정부는 '대학 내 히잡 사용 금지법'을 만들어 강제로 이를 막았다. 그러자 일부 여학생들은 히잡 위에 가발을 쓰고 강의실에 들어가기도 했다.

이렇게 세속주의와 이슬람주의의 대립이 수면 위로 떠오른 것은 1995년부터다. 이해에 치러진 의회 선거에서 이슬람주의를 내세운 복지당이 가장 많은 의석을 차지하면서 공화국 역사상 처음으로 이슬람주의 정부가 탄생했다.

새로 집권한 복지당 정부는 이슬람 교육 강화, 이슬람 사원 건축 등 친이슬람 정책을 추진했다. 여성들은 다시 히잡을 쓰기 시작했고, 주요 신문과 TV에서는 이슬람주의를 외쳤다. 복지당 정부의 친이슬람 정책에 대해 군부는 세속주의에서 벗어났다고 경고했다. 그러나 복지당이 이 경고를 무시하자 헌법재판소는 헌법상 세속주의 원칙에 위배된다며 복지당을 해산시켜 버렸다.

이슬람주의자와 세속주의자의 대립 2008년 2월 터키 의회가 대학 내에서 '히잡 착용 금지 규정'
을 폐지하는 헌법 개정안을 통과시키자, 수만 명의 세속주의자들이 수도 앙카라에 모여 반대 시위
를 벌였다(왼쪽). 한편 이슬람주의자들은 헌법 개정안을 지지하는 시위를 벌였다(오른쪽).

2018년 현재 집권당인 정의개발당은 이슬람계 정당으로 친이슬람
정책을 강력하게 추진하고 있다. 터키의 이슬람화가 급속히 진행됨에
따라 이슬람 근본주의와 세속주의의 충돌은 피할 수 없을 것으로 보
인다.

2000만 리라짜리 지폐와 경제 위기

터키는 1970년대 이후 계속 심각한 인플레이션을 겪고 있다. 1980년
에는 물가가 115.6퍼센트, 1994년에는 125.5퍼센트 상승하는 등 20여
년간 연평균 물가상승률이 50퍼센트가 넘었다. 이처럼 인플레이션으
로 화폐 가치가 떨어지자 터키 정부는 점점 더 큰 단위의 화폐를 발행
했다. 1986년까지는 1000리라가 가장 큰 단위였지만, 1995년에는
100만 리라, 1997년에는 500만 리라, 1999년에는 1000만 리라, 2001
년에는 2000만 리라짜리가 발행되었다.

그러자 이스탄불의 아타튀르크 거리에 있는 가게마다 0이 3개 지워

구 터키 리라와 신 터키 리라 왼쪽은 구 터키 리라이고, 오른쪽은 2005년에 실시한 화폐 개혁에 따라 새로 발행된 신 터키 리라(YTL)다. 구 리라와 신 리라가 함께 사용되기도 했다. 인플레이션이 어느 정도 해결되면서 2009년에는 리라의 도안이 바뀌어 발행되었다.

진 가격을 써 놓은 입간판을 세웠다. 엄청난 인플레이션 때문에 화폐 단위가 너무 커지면서 계산기에 숫자를 입력할 자리가 없었기 때문이다. 식당에서 서너 명만 함께 식사를 해도 1억 리라가 넘는 돈이 나왔다. 5만 리라짜리 동전은 거스름돈 축에도 끼지 못했다. 2000년에는 터키 리라화의 대달러 환율이 100만 리라를 넘었다(1$=1,000,000TL). 1997년에는 국제통화기금(IMF)의 구제 금융을 받기도 했다.

터키 정부는 경제 위기를 극복하고 인플레이션을 해결하기 위해 2005년 1월 화폐 개혁을 실시했다. 이에 따라 기존의 100만 리라가 새 1리라가 되었다(1,000,000TL=1YTL).

IMF 구제 금융과 화폐 개혁을 통해 어느 정도 안정을 이루어 가던 터키 경제는 2008년 세계 경제 위기, 그리스발 남유럽의 경제 위기, 아르헨티나 등 신흥국의 통화 위기 등을 거치면서 부침을 거듭하고 있다. 2010년 1인당 GDP가 1만 달러를 돌파한 이래 꾸준히 상승하고 있지만, 물가가 지속적으로 오르내리는 등 인플레이션이 경제의 발목을 잡고 있다. 앞으로 물가상승률의 추이에 따라 터키의 경제 지표가 좌우될 전망이다.

유럽연합 가입을 추진하다

터키 자동차의 번호판은 유럽연합에 속한 다른 나라의 번호판과 같다. 유럽연합에 가입되기만 하면 언제든지 자동차를 몰고 유럽의 다른 나라로 갈 수 있도록 미리 준비해 놓은 것이다. 터키 내에서는 유로화가 터키 리라와 함께 사용되고 있어, 외국인 여행자들이 유로화를 내고 물건을 산 후 터키 리라로 거스름돈을 받는 것이 자연스러운 일이다.

그러나 아직 터키는 유럽연합의 정회원국이 되지 못했다. 터키는 1963년 유럽연합의 전신인 유럽경제공동체(EEC)에 준회원국 자격으

터키 자동차 번호판 유럽연합의 자동차 번호판과 같은 모습의 번호판. 왼쪽 파란 바탕 위의 TR이라는 글씨는 터키를 말한다. 유럽연합 가입을 희망하는 터키의 모습을 볼 수 있다.

로 가입한 후 지속적으로 정회원국이 되고자 노력했다. 1987년에도 정회원국 가입 신청서를 정식으로 제출했으나 그리스가 거부권을 행사함으로써 받아들여지지 않았다.

유럽연합 내의 다른 나라들도 냉담한 반응을 보이고 있다. 겉으로는 터키의 민주화와 인권 문제를 이유로 들지만, 실제로는 터키가 유럽과는 여러 면에서 다르기 때문이다. 터키가 기독교 문화와는 다른 이슬람 문화를 가지고 있고, 지리적으로 영토의 대부분이 아시아 대륙에 있어 아시아인지 유럽인지 모호하며, 경제 수준도 유럽의 다른 회원국들보다 낮기 때문이다.

유럽연합의 가입에 대해 터키 내부에서도 찬반 논쟁이 거세다. 찬성론자는 유럽연합 가입으로 경제가 좋아질 것이라고 기대하는 반면, 반대론자들은 오히려 유럽연합 내 선진국의 자본이 터키 경제를 지배할 가능성이 있다는 점을 경계한다.

하지만 터키는 유럽 축구 리그나 월드컵 조 편성 등에서 이미 유럽 국가로 대우받고 있다. 2005년에는 터키 정부와 유럽연합 집행부 사이에 가입을 위한 실무 회의가 진행되었다. 회의에서는 터키에 가입 자격은 주되, 가입 협상은 유럽연합의 정치·경제적 기준을 충족한 뒤에 개시하도록 결정했다. 아울러 터키 내부의 개혁을 추진하도록 권고했다. 터키 의회는 사형제 폐지, 쿠르드어 방송과 교육 허용 등 '유럽연합 개혁 법안'을 통과시켰고, 정회원 후보국 지위를 얻었다. 하지만 키프로스 문제, 쿠르드족 문제 등 여전히 유럽연합 가입에 큰 변수가 될 많은 문제들을 안고 있다.

● 키프로스 통합과 쿠르드족의 독립운동

터키 해협에서 불과 80킬로미터 떨어진 키프로스(사이프러스) 섬은 그리스계 53만 명과 터키계 12만 명의 주민으로 이루어진 나라다. 오스만 제국이 망하면서 영국의 지배를 받게 된 키프로스는 대통령은 그리스계에서, 부통령은 터키계에서 선출하고, 그리스계와 터키계가 7:3의 비율로 정부를 구성하기로 합의한 후 1960년 키프로스 공화국으로 독립했다. 하지만 이후 그리스계 지도부가 그리스로의 통합을 주장하며 내전을 일으키자, 북부

분단된 키프로스 1983년부터 키프로스는 그리스계의 키프로스 공화국과 터키계의 북키프로스 공화국으로 분단되어 대립하고 있다.

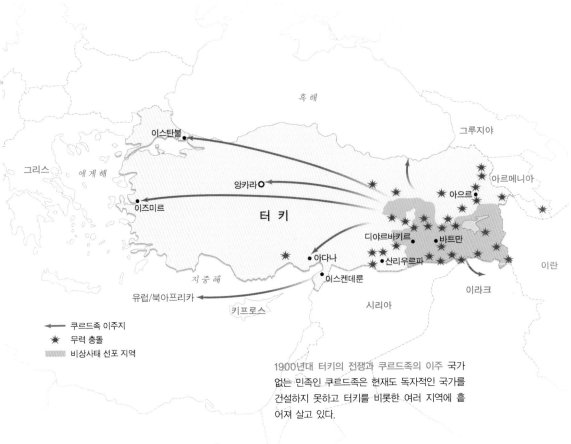

흑 해

그루지야

이스탄불

아르메니아

앙카라○

아르

그리스

에게 해

이즈미르

터 키

디야르바키르

바트만

아다나

산리우르파

이란

이스켄데룬

유럽/북아프리카

지 중 해

이라크

키프로스

시리아

◀── 쿠르드족 이주지

✴ 무력 충돌

▨ 비상사태 선포 지역

1900년대 터키의 전쟁과 쿠르드족의 이주 국가
없는 민족인 쿠르드족은 현재도 독자적인 국가를
건설하지 못하고 터키를 비롯한 여러 지역에 흩
어져 살고 있다.

키프로스 지역은 터키의 지원을 받아 터키계 정부를 따로 수립
했다. 이때부터 키프로스 공화국은 남북으로 나뉘어 대립하고
있다. 유엔이 중재하려고 노력하고 있지만, 남북 키프로스의 대
립, 이를 둘러싼 그리스와 터키의 대립은 지중해 지역 국제 분쟁
의 원인이 되고 있다.

한편, 아나톨리아 동부 지역에서는 쿠르드족이 분리 독립운동을
전개하고 있다. 본래 쿠르드족은 유목 민족으로 오스만 제국의
지배를 받고 있었다. 그러나 제1차 세계대전 후 거주지가 영국과
프랑스에 의해 분할되면서 3000만 명의 쿠르드족이 터키, 이라

크, 이란, 시리아, 아르메니아 등에 흩어져 살게 되었다. 쿠르드족이 가장 많이 살고 있는 나라는 터키로, 1200만 명에서 1500만 명 정도가 터키 남동부 및 동부 지역에 살고 있다. 이들은 오랫동안 쿠르드의 독립 국가 건설을 꿈꾸어 왔으나 터키 정부는 쿠르드어 방송과 교육을 법적으로 금지하는 등 이들을 탄압했다. 이에 쿠르드 노동자당은 터키 정부를 상대로 끊임없이 테러를 감행하고, 터키 정부는 군대를 동원해 쿠르드족의 이라크 근거지를 공격했다.

현재 유럽연합은 터키의 가입 조건으로 쿠르드족의 인권 문제를 해결하라고 요구하고 있다. 집권당인 정의개발당이 쿠르드족에 대해 융화 정책을 쓰고 있지만, 쿠르드족의 독립 문제 역시 쉽게 해결되지는 않을 것으로 보인다.

터키인들이 사랑하는
요리와 축구

'차이'는 터키 국민들이 가장 사랑하는 음료다. 아침에 일어나 저녁에 잠들 때까지 진하고 쓴맛이 나는 차이를 하루에 열 잔 이상 마신다. 잔은 10센티미터 정도로 작은 크기에 가운데가 오목하게 생겼다. 관공서나 일반 회사 건물 안에는 아예 차이를 끓이고 배달하는 차이즈가 있을 정도다. 차이를 대접받을 때는 한 잔으로 끝나지 않는다. 터키인들은 잔이 비면 곧바로 채워 주는 것이 손님을 잘 대접하는 것이라 생각하기 때문이다. 그만 마시고 싶을 때는 차 스푼을 찻잔 위에 살짝 올려놓으면 된다.

터키인들은 요리도 즐긴다. 프랑스 요리, 중국 요리와 더불어 세계 3대 요리에 속하는 터키 요리에서 가장 유명한 것은 쉬쉬 케밥, 되네르 케밥, 요구르트다. 쉬쉬 케밥은 꼬치를 뜻하는 쉬쉬라는 말처럼 한입 크기의 양고기를 닭꼬치처럼 쇠꼬챙이에 끼워서 구운 것이다.

차이

차이잔

회전한다는 뜻을 가진 되네르 케밥은 잘게 다지고 뭉친 고기 반죽 덩어리를 쇠기둥에 끼워 불에 돌려 가며 구운 후 칼로 얇게 썬 회전 구이다. 구워진 표면을 칼로 도려내어 빵의 일종인 피데에 싸서 샌드위치로 만들어 먹기도 한다. 고기는 주로 쇠고기나 양고기를 쓰며, 이슬람교의 관습상 돼지고기는 먹지 않는다.

터키의 요구르트(요우르트)는 달짝지근한 우리나라의 요구르트와는 달리 단맛이 거의 없다. 주로 고기 요리에 뿌리거나 조미료로 사용한다. 요구르트에 물을 부어 섞은 다음 분리된 유지방을 제거한 아이란은 짠맛이 나는 음료로 더운 여름에 많이 마신다. 터키인들은 가축이 재산이기 때문에 고기 자체를 먹기보다는 요구르트나 치즈를 만들어 먹는다. 이렇게 요구르트나 치즈와 같이 가축의 젖으로 요리를 만들어 먹는 것을 보면 터키에 유목 민족의 문화가 뿌리 깊게 이어져 내려옴을 알 수 있다.

터키는 이슬람 국가지만 음주에 대해 관용적인 편이다. 라크는 포도로 만든 무색 투명한 증류수로 물과 섞으면 뿌옇게 탁해지므로 아슬란 스투(사자의 젖)라고 불린다. 알코올 도수 40도가 넘는 꽤 독한 술이다.

되네르 케밥

쉬쉬 케밥

터키 음식은 중앙아시아 초원 지대와 아나톨리아, 그리고 오스만 제국의 궁중 음식이 융합되어 다양하고 맛이 뛰어나다. 동부 지역은 겨울이 춥고 길기 때문에 말린 고기, 버터, 요구르트, 치즈 등 저장 식품이 발달했다. 동남부 지역은 마늘을 즐겨 먹고, 고기를 잘게 썰어 양념을 한 후 야채에 싸먹는 생고기 쌈(치 쾨프테)을 먹는다. 중부 콘야 지방에서는 양고기를 쪄서 기름을 뺀 탄드르 케밥이 유명하고, 카이세리는 말린 고기가 유명하다.

터키인들은 축구광이기도 하다. 터키에는 갈라타사라이, 페네르바체, 베식타스 같은 유명한 팀을 포함해 약 200여 개의 프로 축구팀이 있다. 해마다 3개 리그로 나누어 경기를 연다. 남녀노소 할 것 없이 자기가 좋아하는 팀을 열성적으로 응원한다. 터키 신문의 두 면은 축구 뉴스로 채워지기도 한다. 유명한 팀끼리의 시합이 끝나는 날에는 응원하는 팀의 깃발을 날리며 경적을 울리고 달리는 차량 행렬로 거리는 시끌벅적해진다.

터키식 빵 괴즐레메

터키식 피자 라마준

아이란

치 쾨프테

2002년 한·일 월드컵에서 터키는 1954년 월드컵 진출 이후 48년 만에 본
선에 진출해 세계 3위라는 좋은 성적을 거두기도 했다. 특히 한국과 터키의
3, 4위전에서 한국 관중들의 열렬한 응원과 박수, 대형 태극기와 터키 국기
가 응원석에 나란히 올라가는 모습을 본 터키인들은 감동했다고 한다. 그들
은 피를 나눈 형제의 나라가 보여 준 환대에 감격의 눈물을 흘리기도 했다.

터키를 방문하는 여행객들은 대부분 벨리댄스 공연을 본다. 벨리댄스
의 '벨리'는 배를 뜻하는데, 머리·가슴·엉덩이에 반짝거리는 장식품
을 달고 배꼽을 드러낸 채 허리를 흔들며 추는 춤이다. 아라비아나 시리
아 등 이슬람 문화권 여성들이 추었던 춤으로, 오스만 제국 시대에 하렘에
서 술탄의 관심을 얻기 위해 무희들이 주로 추었다고 한다. 종교적 색채가
강한 터키에서 배꼽을 드러내고 섹시하게 춤을 추는 것이 인기라니…….

2002년 월드컵 3, 4위전 2002년 대구에서 열린 한·일 월드컵 3, 4위전에서 한국 관중들이 태극기와 터키 국기를 같이 올리면서
응원하고 있다.

역사 속의 터키와
우리나라

　한국인들은 터키인들로부터 유난히 환대를 받는다. 어느 곳에 가든 피를
나눈 형제라는 뜻의 '칸카르데시'라고 부르는 터키인을 쉽게 만날 수 있
다. 그도 그럴 것이 60여 년 전 한국 전쟁 때 1만 5000여 명의 터키인이
머나먼 이국땅에서 벌어진 전쟁에 참여했고, 수백 명이
피를 흘리며 전사했기 때문이다. 당시 터키군은 3개 보병
부대. 1개 105밀리미터 곡사포 부대와 지원 부대 병력 약
5000명을 파견하는 등 4년 동안 총 1만 5000여 명을
파병했다. 유엔군 가운데 미국과 영국 다음으로 많은
숫자였다. 1950년 9월 25일에 터키 항구를 출발한 군대
가 10월 19일에야 부산항에 도착할 정도로
머나먼 거리를 달려온 터키군은 군우리 전투
와 금양장리 전투에서 큰 전과를 거두었다. 하지
만 전사자 750여 명을 포함해 3200여 명의 인명 피
해를 입었다. 터키인들은 이때 한국 전쟁에 참전했던
용사들을 '코레 가지'라 부른다. 이들
코레 가지들은 한국을 '바탄(조국)'이라
말하고, 스스로를 '코렐리(한국인)'라고 부르
기도 한다.

앙카라 한국공원의 참전 기념탑 한국
전쟁에서 희생당한 터키의 군인들을
기리기 위해 쌓은 탑으로, 터키 군인
들의 이름이 새겨져 있다.

서울 중앙이슬람성원 한국 정부의 지원과 이슬람 국가들의 기부로 지어졌다. 현재 우리나라에는 10개 이상의 모스크가 있다.

　터키군이 한국 전쟁에 참전한 것을 기념해 한국과 터키에 각각 기념비가 세워져 있다. 터키의 수도 앙카라 시내의 코레 파르크(한국공원)에는 석가탑 모양의 참전 기념탑이 있다. 서울시의 지원으로 1973년에 세워진 기념탑 외벽에는 전사자의 이름, 생년월일, 전사한 날짜 등이 기록되어 있다. 해마다 1월 25일이면 코레 가지들이 기념탑 앞에 모여 금양장리 전승 기념 행사를 연다. 우리나라에는 1975년에 경기도 용인 에버랜드 입구에 터키군 참전 기념비가 세워졌다.

　현재 우리나라의 이슬람교 신자는 약 10만 명 정도다. 한국 전쟁 때 터키군의 신앙생활을 돕기 위해 두 명의 이맘(종교 지도자)이 한국에 파견되었고, 이때 우리나라에 이슬람교가 전파되었다. 1976년에 서울 용산구 한남동에 중앙이슬람성원이 정식으로 개원했다.

　이렇게 한국 전쟁을 통해 지구 반대편에 있는 두 나라가 만났지만, 역사적으로 거슬러 올라가 보면 아주 오래전부터 남다른 인연이 있었다.

2005년 노무현 대통령의 터키 방문 우리나라 대통령으로는 처음으로 터키를 국빈 방문한 노무현 대통령은 아타튀르크 기념관을 참배하고 터키의 세제르 대통령과 회담하는 등 두 나라 간의 우의를 더욱 높였다.

우리나라의 삼국 시대 때 터키의 조상인 튀르크족은 몽골 초원을 중심으로 튀르크 제국을 세워 발전하고 있었다. 고구려는 튀르크 제국과 연합하기도 하고 서로 공격하기도 했다. 특히 수나라가 중국을 통일하자 튀르크 제국과 고구려는 서로 연합해서 수나라에 대항하기도 했으며, 튀르크의 무한 카간이 사망했을 때는 고구려가 조문 사절단을 파견하기도 했다. 6세기 후반 동아시아에 형성된 동서 세력과 남북 세력의 대립 관계에서 고구려와 손을 잡은 돌궐이 바로 튀르크 제국인 것이다. 중국의 통일 왕조인 수나라(이후 당나라)와 신라가 손을 잡자, 이에 맞서 고구려와 백제는 북쪽의 돌궐 및 남쪽의 왜와 손을 잡았다.

고려 시대에는 튀르크계 종족인 위구르족이 개경에서 생활하기도 했다. 고려 가요 〈쌍화점〉에 나오는 '회회아비'가 이들이다. 이들은 고유의 풍속과 언어를 사용했고, 이슬람 사원도 만들었으며, 연등회나 팔관회 같은 행사에 초대되기도 했다.

쌍화점(만두집)에 만두 사러 갔더니만
회회(이슬람 상인)아비 내 손목을 쥐더이다

이 소문이 가게 밖에 나며 들며 하면

다로러거디러 조그마한 새끼 광대 네 말이라 하리라

더러둥셩 다리러디러 다리러디러 다로러거디러 다로러

―고려 가요 〈쌍화점〉 중에서

조선 시대에는 튀르크족과 관련된 기록이 별다르게 남아 있지 않다.

일제 시대에는 터키계인 타타르인들이 신의주, 평양, 서울, 대구, 인천, 부산, 목포 등지에 30가구 정도 살았다고 한다. 이들은 대부분 양복 맞춤 가게를 운영했다. 1920년 4월 26일자 《동아일보》는 "希土人(희토인)의 退去(퇴거)"라는 제목으로 경성에 살던 토이기(터키) 사람들이 떠날 준비를 하고 있다고 전한 바 있다. 한국 전쟁 때는 유엔군에 소속되어 참전했으며, 이때 터키군이 불렀던 민요 〈위스크다르〉가 우리나라에서 널리 유행하기도 했다.

터키는 1957년에는 한국과 2001년에는 북한과 외교 관계를 맺었다. 터키는 1957년에 한국에 외교 공관을, 한국은 1977년에 이스탄불에 총영사관을 설치했다. 터키는 그동안 대통령이 두 차례, 총리가 네 차례 한국을 방문했다. 우리나라는 2005년에 국가 원수로는 처음으로 노무현 대통령이 터키를 방문했다.

우리나라와 터키 간의 교역은 1990년 이후 연평균 15퍼센트가 넘는 꾸준한 증가세를 보이고 있다. 2013년에는 한국-터키 FTA가 발효되면서 총 무역 매출액 100억 달러, 10년 내 수입 전 품목에 대한 관세 철폐를 목표로 교역이 확대되고 있다. 터키 정부는 에너지와 자동차 분야에서 한국 기업들의 투자가 증가할 것으로 기대하고 있다.

또한 같은 해 9월 3주 동안 '길, 만남, 그리고 동행'이란 주제로 이스탄불 탁심 광장과 성 소피아성당, 블루 모스크 인근 등에서 '이스탄불-경주 세계문화 엑스포'가 열렸다. 선덕여왕의 사랑 이야기를 담은 뮤지컬 〈신국의 땅, 신라〉, 한·터키 전통 패션쇼, 세계 민속 공연 축제 등이 열려 양국 간의 문화와 경제 교류가 활발하게 이루어졌다.

에필로그 | 동서 문명의 박물관, 이스탄불을 걷다

아시아와 유럽 대륙이 만나는 곳, 비단길을 통해 동양과 서양을 이어 주는 길목, 비잔티움 제국과 오스만 제국의 수도로서 1500년 이상 찬란한 문화가 꽃을 피웠던 곳, 동서 문명의 교차로인 터키를 가장 압축적으로 보여 주는 도시, 이스탄불.

고대 그리스인은 일찍이 골든혼의 끝자락에 아크로폴리스를 만들고 정착해서 도시 국가 '비잔티움'을 세웠으나, 이후 페르시아인의 침략과 로마의 점령을 받고 파괴되기도 했다. 330년 콘스탄티누스 대제에 의해 로마 제국의 수도가 되면서 비잔티움은 '콘스탄티노플'이라 불렸다. 그 뒤 1453년 오스만 제국이 점령하면서 '이스탄불'로 바뀐 후 약 480년 동안 제국의 수도로 영화를 누렸다. 1923년 오스만 제국이 몰락하면서 터키 공화국이 수립된 후 수도의 지위를 앙카라에 넘겨주었지만, 여전히 이스탄불은 1000만 명이 살고 있는 터키 제1의 도시다.

이스탄불의 하늘에는 날마다 뿌연 안개가 내려앉는다. 난방용 석탄과 자동차 매연이 뒤섞인 매캐한 냄새가 코와 눈을 끊임없이 자극한다. 희뿌연 안개 사이로 첨탑과 둥근 지붕을 가진 수많은 모스크들이 실루엣으로 다가온다. 하루에 다섯 번씩 반복되는 아잔 소리와 바쁘게 오가는 사람들 사이로 이방인들의 순례 행렬이 뒤섞인다.

오늘의 터키인들 사이로 과거 로마의 영화와 오스만 제국의 흥망이 교차되는 거리, 동서양 문명의 충돌과 압축을 한눈에 볼 수 있는 아흐메트 지구를 찾아가 보자.

작은 분수 연못을 사이에 두고 성소피아성당과 블루모스크가 마주 보고 서 있는 기이함과 감동이 함께하는 거리에 서서 주변을 느껴 보자. 기독교의 성지인 성당을 둘러보면서 비잔티움 제국 시대의 웅장함과 모자이크의 화려함에 감탄하다가, 단아한 푸른색 타일로 장식된 모스크에서 주변의 소란스러움에도 아랑곳하지 않고 메카를 향해 기도하는 무슬림을 경건하게 바라보자. 예레바탄 사라이와 오벨리스크, 청동 기둥, 뱀 기둥 사이로 부유했던 로마 제국과 비잔티움 제국 시대의 사람들이 오갔던 모습을 상상해 보자.

토프카프 궁전의 화려한 장식들과 하렘의 기이한 구조를 보고 난 후, 보스포루스 해협이 한눈에 바라다보이는 궁전 뒤뜰에 서서 아시아와 유럽에 걸쳐 있는 이스탄불의 지정학적 위치를 감상해 보자.

그리고 그랜드 바자르에 가 보자. 비단길의 종착지, 동서양의 수많은 물건들이 넘쳐 나는 곳, 꼬불꼬불한 골목길을 사이에 두고 수많은 가게들이 쭉 이어져 있고, 상인들의 호객 행위와 흥정 소리로 시끌벅적한 삶의 생동감이 느껴지는 곳에서 터키석이나 차이 잔과 같은 작은 기념품을 사는 것도 좋을 것이다.

터키를 안다는 것은 이스탄불을 아는 것이다.

터키를 느낀다는 것은 이스탄불을 느끼는 것이다.

오늘날 터키의 역사를 한눈에 보고 느낄 수 있는 농축된 도시, 이스탄불……

터키사	세계사	한국사

BC			
6500 차탈회위크 신석기 시대	**8000경** 신석기 시대	**8000경** 신석기 시대
	3000 청동기 시대(4대 문명)	**2333** 고조선 건국
1900 히타이트 철 사용		**2000~1500** 청동기 시대
8세기 프리기아의 미다스	**7~8세기** 그리스, 폴리스의 발달	
7세기 이오니아 지방에 폴리스 발달	**6세기** 그리스, 페리클레스 시대	
	3세기 포에니 전쟁	
	221 진, 중국 통일	
1세기~ 로마 제국의 지배를 받음		**기원전후** 고구려, 백제 신라 건국

AD			
330 로마, 콘스탄티노플로 수도 옮김	**313** 밀라노 칙령으로 기독교 공인	**313** 고구려 미천왕 낙랑군 축출
	375 게르만족의 이동 시작	**391** 고구려 광개토 대왕 영토 확장 (~412)
	395 동서 로마 제국 분열	**427** 장수왕의 평양 천도
	476 서로마 제국 멸망	
529 유스티니아누스 법전 편찬	**486** 프랑크 왕국 건국	
537 성소피아성당 재건		**540** 진흥왕의 영토 확장(~576)
552 돌궐(튀르크) 건국	**589** 수의 중국 통일	
582 동튀르크와 서튀르크로 분열	**610** 무함마드, 이슬람교 창시	**612** 살수대첩
630 동튀르크 멸망	**618** 당 건국	**645** 안시성 싸움
651 서튀르크 멸망	**622** 헤지라(이슬람 기원원년)	**660** 백제 멸망
	632 이슬람, 정통 칼리프 시대(~661)	**668** 고구려 멸망
	661 아랍 제국, 우마이야 왕조(~750)	**676** 신라, 삼국 통일
682 쿠틀룩 튀르크 제국 재건, 오르혼 비석	**750** 아랍 제국, 아바스 왕조(~1258)	**698** 발해 건국
751 탈라스 전투	**771** 카롤루스 대제, 프랑크 왕국 통일	**751** 석굴암, 불국사 건립

	843 베르됭 조약	
	915 거란 건국	918 고려 건국
960 셀주크족 이슬람교 수용	960 송 건국	
	962 신성 로마 제국(독일) 수립	
	1054 동서 교회의 분열	1019 귀주대첩
1037 셀주크 제국 건국		
	1066 노르만족의 영국 정복	
1071 만지케르트(말라즈기르트) 전투		
1077 룸 셀주크 건국(~1308)	1077 카노사의 굴욕	
1090 셀주크 제국 전성기		
1097 룸 셀주크, 콘야로 수도 옮김	1096 십자군 전쟁 시작(~1270)	
1098 안티오크 공격	1115 금 건국	1126 이자겸의 난
1178 미리오케팔론 전투		1135 묘청의 서경 천도 운동
		1170 무신 정변(~1270)
1230년경 룸 셀주크의 전성기	1206 칭기즈칸 몽골족 통일	
1243 쾨세다그 전투	1215 영국, 대헌장 제정	1231 몽골의 침입(~1270)
	1271 원 제국 성립	1236 팔만대장경 제작(~1251)
1299 오스만 공국 건국		
1326 부르사를 수도로 정함	1333 백년 전쟁(~1453)	
1369 에디르네로 수도 옮김, 예니체리 창설, 술탄 칭호 사용	1368 명 건국	
1402 앙카라 전투	1429 잔다르크, 영국군 격파	1392 조선 건국
1453 콘스탄티노플 점령, 비잔티움 제국 멸망	1455 장미 전쟁(~1485)	1446 훈민정음 반포
	1492 콜럼버스, 아메리카 항로 발견	
1517 칼리프 칭호 사용	1517 루터의 종교개혁	
1520 술레이만 1세, 오스만 제국 전성기(~66)		
1529 제1차 빈 포위 실패	1536 칼뱅의 종교개혁	
	1588 영국, 무적함대 격파	1592 임진왜란

1609-1616 술탄 아흐메트 모스크(블루모스크) 건축	**1618** 독일, 30년 전쟁	
	1642 영국, 청교도 혁명	**1636** 병자호란
	1668 영국, 명예혁명	
1683 제2차 빈 포위 실패		
1699 카를로비츠 조약		
1718~30 튤립 시대		**1725** 탕평책 실시
	1776 미국 독립 혁명	
	1789 프랑스 혁명	
	1798 나폴레옹, 이집트 침공	**1801** 신유박해
1826 마흐무트 2세의 예니체리 해체		**1811** 홍경래의 난 (~1812)
1829 페즈 착용 등 개혁 추진	**1829** 그리스 독립	
1839~76 탄지마트	**1836** 이집트 자치 획득	
	1840 아편 전쟁	
	1854 크림 전쟁	
	1861 미국, 남북 전쟁	**1863** 고종 즉위, 흥선 대원군 집권
	1868 일본 메이지 유신	**1866** 병인양요
		1871 신미양요
1876~78 제1차 입헌 혁명		**1876** 강화도 조약
1877 압둘 하미드 2세, 의회 해산	**1877** 오스만─러시아 전쟁	
		1882 임오군란
1889 오리엔트 특급 열차 이스탄불 도착 연합진보위원회 조직		**1884** 갑신정변
	1894 청일 전쟁	**1894** 동학농민운동
		1895 을미사변
		1896 아관파천
		1897 대한제국 수립
	1904 러일 전쟁	**1905** 을사조약
1908 제2차 입헌 혁명		**1910** 한일 병합 조약
	1911 중국, 신해혁명	

1914 제1차 세계대전에 참전	**1912** 발칸 전쟁(~1913)	**1912** 토지 조사 사업(~1918)
	1914 제1차 세계대전(~1918)	
	1917 러시아 혁명	
1919 케말, 삼순 상륙. 권리보호연합 회 조직	**1919** 중국 5·4 운동, 대한민국 임시 정부 수립 인도, 간디의 비폭력·무저항 운동	**1919** 3·1 운동, 대한민국 임시정부 수립
1920 세브르 조약 앙카라에서 국민의회 소집		**1920** 봉오동 전투, 청산리 대첩
1921 이즈미르에서 그리스 몰아냄	**1922** 소비에트 사회주의 공화국 연방 (소련) 수립	
1922 메흐메트 6세 망명		
1923 터키 공화국 건국, 케말 대통령 선출 공화인민당 창당		
1924 칼리프제 폐지		**1926** 6·10 만세 운동
1928 터키 문자 제정	**1929** 세계 대공황	**1929** 광주 학생 항일 운동
1938 무스타파 케말 사망	**1939~45** 제2차 세계대전	
1946 민주당 창당	**1947** 트루먼 독트린	**1945** 8·15 광복
		1948 대한민국 정부 수립
1950 평화적 정권 교체 한국 전쟁에 터키군 파병		**1950~53** 한국 전쟁
1952 나토에 가입	**1960** 키프로스 공화국 독립	**1960** 4·19 혁명
1960 군사 쿠데타		**1961** 5·16 군사 쿠데타
1971 군사 쿠데타	**1965** 베트남 전쟁(~1975)	**1972** 유신 헌법
		1979 12·12 사태
1980 군사 쿠데타	**1980** 이란·이라크 전쟁(~1988)	**1980** 5·18 광주민주화운동
		1987 6월 민주항쟁
	1990 독일 통일	**1988** 서울 올림픽 대회
1995 복지당 이슬람 정부 집권	**1991** 소련 해체	
1997 IMF 구제 금융 신청	**1992** 독립국가연합 결성	**1997** IMF 구제 금융 신청
		2000 남북 정상 회담, 6·15 선언
		2002 한·일 월드컵
2005 화폐 개혁	**2011** 일본 후쿠시마 원전 참사	**2007** 남북 정상 회담, 10·4 선언
2014 첫 대통령 직선제 실시, 에르도 안 대통령 당선		**2018** 남북 정상 회담, 판문점 선언, 평양 선언

● 오스만 제국의 술탄 계승도

오스만 1세	1290년경 ~ 1324 건국
오르한	1324 ~ 1362
무라드 1세	1362 ~ 1389
바예지드 1세	1389 ~ 1420 – 일디림(번개왕), 앙카라 전투에서 티무르에게 패배
메흐메트 1세	1413 ~ 1421
무라드 2세	1421 ~ 1444, 1446 ~ 1451
메흐메트 2세	1444 ~ 1446, 1451 ~ 1481 – 파티히(정복자), 콘스탄티노플 정복(1453)
바예지드 2세	1481 ~ 1512
셀림 1세	1512 ~ 1520 – 시리아, 이집트 정복, 칼리프 지위 획득
술레이만 1세	1520 ~ 1566 – 카누니(입법자), 제국의 전성기, 제1차 빈 포위
셀림 2세	1566 ~ 1574 – 레판토 해전
무라드 3세	1574 ~ 1595 – 이스탄불에서 예니체리 반란
메흐메트 3세	1595 ~ 1603 – 이란과의 전쟁
아흐메트 1세	1603 ~ 1617 – 술탄 아흐메트 모스크(블루모스크) 건축
무스타파 1세	1617 ~ 1618, 1622 ~ 1623
오스만 2세	1618 ~ 1622 – 오스만과의 폴란드 침공
무라드 4세	1623 ~ 1640
이브라힘 1세	1640 ~ 1648
메흐메트 4세	1648 ~ 1687 – 제2차 빈 포위 공격(1683) 실패
술레이만 2세	1687 ~ 1691
아흐메트 2세	1691 ~ 1695
무스타파 2세	1695 ~ 1703 – 카를로비츠 조약(1699)
아흐메트 3세	1703 ~ 1730 – 튤립 시대
마흐무드 1세	1730 ~ 1754
오스만 3세	1754 ~ 1757
무스타파 3세	1757 ~ 1774 – 러시아 제국과의 전쟁
압둘 하미드 1세	1774 ~ 1789
셀림3세	1789 ~ 1807 – 나폴레옹의 이집트 침공, 군대 개혁 실패
무스타파 4세	1807 ~ 1808
마흐무드2세	1808 ~ 1839 – 예니체리 해체, 개혁 추진
압둘 마지드 1세	1839 ~ 1861 – 귈하네 칙령으로 탄지마트 시작
압둘 아지즈	1861 ~ 1876 – 하트 휘마윤으로 탄지마트 지속, 제1차 입헌 혁명(1876)
압둘하미드2세	1876 ~ 1909 – 반동 정치, 제2차 입헌 혁명(1908)
메흐메트 5세	1909 ~ 1918 – 발칸 전쟁(1912~1913), 제1차 세계대전(1914~1918)
메흐메트 6세	1918 ~ 1922 – 터키 공화국 수립(1923)

처음 읽는 터키사

1판 1쇄 발행일 2010년 8월 2일
개정판 1쇄 발행일 2018년 12월 17일
개정판 4쇄 발행일 2023년 1월 30일

지은이 전국역사교사모임

발행인 김학원
발행처 (주)휴머니스트출판그룹
출판등록 제313-2007-000007호(2007년 1월 5일)
주소 (03991) 서울시 마포구 동교로23길 76(연남동)
전화 02-335-4422 **팩스** 02-334-3427
저자·독자 서비스 humanist@humanistbooks.com
홈페이지 www.humanistbooks.com
유튜브 youtube.com/user/humanistma **포스트** post.naver.com/hmcv
페이스북 facebook.com/hmcv2001 **인스타그램** @humanist_insta

편집주간 황서현 **편집** 최윤영 최양순 이영란 **디자인** 유주현 민진기디자인
지도 임근선 **일러스트레이션** 구연산 **사진제공** 게티이미지 권태균 연합뉴스 조수정 토픽
용지 화인페이퍼 **인쇄** 청아디앤피 **제본** 민성사

ⓒ 전국역사교사모임, 2018

ISBN 979-11-6080-184-2 03900